Paul Kemen

Aber Herr Wachtmeister,
ich wollt' doch nur ...

Paul Kemen, Jahrgang 1957, ist seit 1974 Polizist und seit 20 Jahren Pressesprecher der Aachener Polizei. Ende des Jahres 2019 wird er pensioniert. Er lebt in der Städteregion Aachen, ist verheiratet, Vater dreier Söhne und mittlerweile zweifacher Opa.

Bekannt wurde er über die Grenzen Aachens hinaus durch seine oft humorvoll geschriebenen Pressemeldungen. Die Aachener Nachrichten widmeten seinen Meldungen über Jahre hinweg die Kolumne »Kemens Welt«.

Der Reinerlös zweier Hörbücher mit seinen Geschichten kam »Menschen helfen Menschen« zugute, einem Hilfsfonds des Aachener Zeitungsverlages. 8.888 Euro flossen auf das Spendenkonto.

2012 wurde er von der Aachener Zeitung wegen seiner humorvollen Art zu schreiben, seiner Schlitzohrigkeit und Hilfsbereitschaft mit dem »Mulefluppetpreis« geehrt. 2014 verlieh ihm der Deutsche Journalistenverband, Bezirk Aachen-Eifel wegen seiner besonderen Meldungen die »Zeitungsente«.

Paul Kemen

Aber Herr Wachtmeister, ich wollt' doch nur ...

Originalausgabe
© 2019 KBV Verlags- und Mediengesellschaft mbH, Hillesheim
www.kbv-verlag.de
E-Mail: info@kbv-verlag.de
Telefon: 0 65 93 - 998 96-0
Fax: 0 65 93 - 998 96-20
Umschlaggestaltung und Satz: Sabine Hockertz
Illustrationen: Ralf Kramp
Druck: CPI books, Ebner & Spiegel GmbH, Ulm
Printed in Germany
ISBN 978-3-95441-510-6

Wie und warum entstanden diese Geschichten?

Als Freunde und Helfer werden wir ja im Volksmund oft bezeichnet. Helfer sind wir nahezu bei jedem Einsatz. Egal, ob Unfall, Streit, Sachbeschädigung, Körperverletzung oder Beleidigung: Wir helfen jemandem, damit er oder sie später in einem möglichen Gerichtsverfahren, sein / ihr Recht bekommt. Über den Begriff Freund lässt sich trefflich streiten. Freunde sucht man sich in der Regel selber aus. Daher gehen wir hier nicht näher darauf ein.

Mit uns als Helfern fing eigentlich alles an. Ich war etwa ein Jahr bei der Pressestelle und hatte bestimmt jeden Tag mit meinen Kollegen über Unfälle, Schlägereien, Familienstreitigkeiten und wer weiß was für Untaten berichtet. Jedoch so gut wie nie über das, für das die Polizei auch sonst noch steht. Eben als Helfer – Helfer in der Not. Und als eine solche Helfer-Geschichte entpuppte sich der Einsatz bei einer alten Dame, die die »110« gewählt hatte. Völlig verwirrt erschien sie uns am Telefon. Die Kollegen konnten ihrem Anliegen kaum folgen. Irgendetwas mit Telefon, Fernsehen und Schnee verstanden die Kollegen. Als sie die genaue Adresse der alten Dame ermittelt hatten, schickten sie einen Streifenwagen dorthin. »Schaut euch das einmal an. Da braucht eine alte Dame Hilfe!«, so der Auftrag an die Streifenwagenbesatzung. Die 86-Jährige öffnete ihnen die Türe und schilderte völlig aufgelöst und zittrig ihr Problem.

Die Dame lebte alleine in Aachen. Keine Verwandten, nur ein paar lockere Bekannte in der Stadt. Trotz ihres doch hohen Alters versorgte sie sich selbst. Offenbar war ihr nun an diesem Abend ein Missgeschick passiert.

Sie hatte wohl die Fernbedienung des Fernsehgerätes mit dem Telefon verwechselt und sich nun die programmierten Kanäle auf ihrer Fernbedienung gelöscht. So zeigte das Fernsehbild denn auch nur Schnee. Zur besten Sendezeit am Samstagabend. Im ZDF lief »Wetten dass?« mit Thomas Gottschalk. Diese Sendung wollte sie unbedingt sehen. Statt der wallenden Mähne ihres Lieblingsmoderators sah sie nur Schnee. Schnee, Schnee und noch mal Schnee.

Während die junge Kollegin sich um die alte Dame kümmerte und sie in dem Tenor »kann passieren« wieder aufbaute, setzte sich der Kollege in einen Sessel und programmierte die für die Dame wichtigen Sender. Nur ARD, ZDF und einige dritte Programme brauche sie, sagte sie, während sie sich langsam sichtlich beruhigte.

Nach knapp einer Stunde waren die Kollegin und der Kollege fertig. Nach dem Zuwendungsgespräch und der Programmierung der TV-Sender traten sie den Rückzug an. Sie fertigten einen kurzen Vermerk, schließlich mussten sie ja protokollieren, was sie in der vergangenen Stunde gemacht hatten. Dieser Vermerk landete dann am Montag im Fach der Pressestelle. So entstand dann die erste Geschichte. Die weiteren folgten dann …

Inhaltsverzeichnis

Kapitel 9: Von Gaunern und denen, die es werden wollen

Kapitel 10: Bürokratie und kleine Rechtskunde

Kapitel 11: Ausreden

Zu guter Letzt

Kapitel 1: Freund und Helfer

Sogenannte »Hilfeersuchen« sind die häufigsten Einsatzanlässe,
die die Polizeileitstelle registriert. Dabei handelt es sich
um Notrufe über die »110« in denen die Bürgerinnen
und Bürgerinnen eine Hilfestellung von der Polizei erwarten.
Versperrte Ausfahrten, verdächtige Beobachtungen oder gar
ein Nachbar, der längere Zeit nicht gesehen wurde …
Bei einer Anruferin piept es in der Wohnung, oder ein Mann
bekommt nach Fesselspielen die Handschellen nicht mehr auf.
Fälle, die die Polizei als Helfer fordern und oftmals
bei den Kolleginnen und Kollegen ein Schmunzeln hervorlocken.
Um solche Fälle geht es in dem ersten Kapitel.

Polizei wechselt bei alter Dame den Rauchmelder

Würselen – »Bei mir piept es immer in der Wohnung«, so meldete sich eine hörbar betagte und aufgeregte Dame über den Notruf »110« bei der Polizei. Da sie den Beamten am anderen Ende der Leitung keine nähere Beschreibung des Piepens geben konnte, rückten eine Polizistin ihr Kollege aus, um der Sache auf den Grund zu gehen und der Dame zu helfen.

Als die Polizisten an der Wohnung der Frau eintrafen, wurden sie schon erwartet. Ein wenig hilflos und aufgeregt empfing die alte Dame die Freunde und Helfer. Sie erzählte, sie habe keinen mehr, den sie um Hilfe fragen könnte. Ihr sei da nur die Polizei eingefallen. Während die Kollegin den Beruhigungspart einnahm, kümmerte sich ihr Kollege um die Lokalisierung des Piepens. Es piepte tatsächlich und eindeutig. Stoßweise. Kurz und hell. Ein Rauchmelder in der Küche wurde treffsicher als Ursache ausgemacht. Der hing aber, wie in Altbauten mit hohen Decken oft üblich, in fast drei Metern Höhe. Also auf den Tisch geklettert, Deckel abgeschraubt. Batterie rausgeholt und durch eine neue, die die Seniorin im Hause hatte, ersetzt. Dann der Test – ein schrilles Probepiepen – ausschalten und fertig war die Sache. Gemeinsam lauschte das Trio nun, ob das Piepen noch mal kam. Kam aber nicht – alles richtig gemacht.

Sichtlich erleichtert verabschiedete die alte Dame die jungen Polizisten. Im Protokoll, das wohl mit Augenzwinkern geschrieben wurde, folgender Wortlaut: »Rauchmelder wurde durch uns in lebensbedrohlicher Höhe abgenommen. Die Batterie wurde professionell gewechselt. Im Anschluss wurde der Rauchmelder wieder ordnungsgemäß angebracht und auf Funktion getestet!« War schön, geholfen zu haben.

Fein geholfen

Aachen – Ein schönes Resümee konnten zwei Polizisten heute Morgen nach einem Einsatz in der Aachener Innenstadt ziehen. Sie hatten zwei Frauen, die in ihrer Wohnung ungewollt eingeschlossen waren, ihre Freiheit wieder geschenkt.

Begonnen hatte der Einsatz eigentlich damit, dass eine Spaziergängerin in einer belebten, von Autolärm geprägten Straße, auf zwei Frauen aufmerksam wurde, die gestikulierend in einem offenen Fenster lehnten und offensichtlich um Hilfe baten. Warum sie nicht riefen und erläuterten, was ihnen fehlte, hatte einen plausiblen Grund. Sie waren taubstumm.

Die Passantin rief die Polizei. Die Beamten wussten natürlich keinen Einsatzgrund. Und wie verständigt man sich, wenn man nicht sprechen kann? Mit Händen und Füßen und – mit Papierkügelchen. Auf dem als Wurfgeschoss missbrauchten Papier eines Notizblocks entwickelte sich ein eifriges Frage- / Antwortspiel. Rauf in die erste Etage; runter auf die Straße.

Jetzt wurde deutlich, dass die Freundinnen sich im Wohnzimmer eingeschlossen hatten. Aus Versehen. Ihr Pech, der Zimmerschlüssel funktionierte nicht mehr. Der Raum ließ sich nicht mehr öffnen. Von einer benachbarten Baustelle ergatterte ein Beamter eine Leiter. Leider zu kurz. Aber ausreichend, um durch das Fenster den Wohnungsschlüssel und den defekten Wohnzimmerschlüssel zu übergeben. So konnten sämtliche Türen geöffnet, die Damen befreit werden.

Der Einsatz hatte ein herzliches, freudiges Happy End.

Mann bekam Handschellen nicht mehr auf

Eschweiler – Massive Handschellen brachten einen jungen Mann jetzt in Eschweiler ganz schön in Bedrängnis. Handschellen, die die Polizei ihm jedenfalls nicht angelegt hatte.

Der Mann war bei der Eschweiler Polizei aufgetaucht und hatte dort von einem Missgeschick erzählt. Allerdings rückte er bei der Schilderung seiner Notlage mit der Sprache nicht so richtig raus. Jedoch soviel: Im Rahmen »privater Tätigkeiten« habe er sich Handschellen angelegt. Richtig massive Handschellen, nichts Billiges, so der Mann. Tatsächlich saßen die Handschellen recht stramm. Allerdings an einem Arm. Beide Ringe. Und dann so eng, dass der Abstand der beiden Schellen so gering war, dass der Schlüssel nicht mehr hineinpasste.

Deshalb der augenscheinlich schwere Gang zur Polizei.

Die war zunächst skeptisch, schaute erst einmal nach, ob der Mann im Fahndungscomputer steht und den Beamten eine Lügengeschichte auftischte. Das war nicht der Fall. Aber auch der gängige Handschellen-schlüssel der Beamten war zu lang, passte nicht ins winzige Schloss der Fesseln. Die laut gedachten Überlegungen der Beamten, eventuell mit einer Flex die Handschellen zu durchtrennen oder mittels Schweißgerät, trieben beim jungen Mann den Schweiß auf die Stirn. Sein Gesicht wurde zunehmend fahl. Frei nach dem Motto: Wenn ich nicht mehr weiter weiß, bilde einen Arbeitskreis, wurde die Meinung mehrerer handwerklich geschickter Kollegen eingeholt. Die Lösung lag dann auch schnell auf der Hand. Mit einer kleinen Säge kürzten die Beamten den Schlüssel und kamen so zwischen die beiden Schellen. So, dass man den Schlüssel in das Schloss stecken, ein wenig drehen und schließlich die Handschellen öffnen konnte. Sehr zur Freude des Gepeinigten.

Sein Dank hielt sich jedoch erstaunlicherweise in Grenzen. Da hätte man mehr erwarten können. Nach einem kurzen, eher stoßartigen Danke verließ er die Wache. Wahrscheinlich hatten ihm die aufgezeigten Lösungsmöglichkeiten zur Befreiung zu sehr zugesetzt …

WM 2006: Wir brauchen kein Mitleid

Aachen – Gelegentlich lassen es sich die Mitarbeiter der Polizeipressestelle gut gehen und italienischen Salat ins Haus schicken. Immer lecker, immer reichlich, immer schnell.

Heute nun noch schneller, noch reichlicher, noch leckerer. Auf unsere erstaunten Gesichter hin die knappe Antwort des Pizzakuriers: »Wegen gestern Abend!«

Wir nahmen die Ware zwar dankend an, mussten aber loswerden, dass wir gut gespielt und gekämpft hatten. Von Mitleid baten wir Abstand zu nehmen. Der Salat war ok.

Der Inhalt einer Uniform ist wichtig

Aachen – Man sagt ihnen ja nach, sie seien eine verschworene Gemeinschaft – die Uniformträger.

Nahezu täglich unterstützen sich die Menschen, die in ihnen stecken, innerhalb ihres Wirkungskreises. Vielfältig sind die Berührungspunkte der Polizisten, Feuerwehrleute, Justizbeamten und der vielen anderen. Mit einem Sachverhalt vom Wochenende ist zu dieser Gruppe der mitunter recht kritisch betrachteten Art von Menschen eine weitere Truppe hinzugestoßen.

Abends gegen 22 Uhr war eine Streifenwagenbesatzung auf der Sandkaulstraße von dem Fahrer eines Essener Reisebusses angehalten worden. Seine Fracht: Das komplette Gefolge eines Essener Karnevalsvereins, vertreten durch Präsident, Elferrat, Tanzgarde und viele viele Uniformträger. Im Bus funkelte und glitzerte es, was das Zeug hielt. Neben natürlich strahlenden Augen der weiblichen Insassen viel Gold, Rangabzeichen und sonstigen Etiketten bei den Herren. Nur, wohin mit alledem, wenn man am Abend fast zwei Stunden mit dem Bus unterwegs ist, einen Auftritt bei einem Aachener Karnevalsverein hat, regelmäßig mit diesem Verein Kontakt pflegt und letztendlich nicht weiß, wo dessen Sitzungen stattfinden?

Also halfen sich die Uniformträger. Die Beamten der Leitstelle »Robert« recherchierten im Internet und vermeldeten auch wenig später einen Treffer. In der Aula einer Schule hatte man den Tross aus Essen bereits vermisst. Damit nun nichts mehr schief ging, wurde der Bus in Geleitschutz genommen und zur Halle gelotst.

Gefeiert und mit frenetischem Beifall empfangen, marschierten das Gefolge des Karnevalsvereins aus dem Ruhrgebiet ein. Flankiert von zwei Herren in eher blassen, grünen, recht übersichtlichen Uniformen, deren Rangabzeichen auf das notwendige Maß reduziert zu sein schienen. Kein Vergleich zum Gefunkel und Geglimmer.

Wichtig ist, was drinsteckt, dachten sich die Beamten, nahmen den Beifall entgegen und fuhren zum nächsten Einsatz.

Heitere Aussichten – Zähne zeigen

Aachen – Saßen am Mittagstisch einige Polizeibeamte beisammen und diskutierten, dass es auch den Beamten deftig ans Geld geht.

Als das Thema auch auf die Gesundheitsreform mit der Kostendämpfung beim Zahnersatz überschwappte, platzte es aus einem gestandenen Beamten heraus: »Wenn ich meinen Zahnersatz nicht mehr erstattet bekomme, ziehe ich ihn auch zum Dienst nicht mehr an!«

Schöne Aussichten!

Tageshoroskop empfiehlt den richtigen Ansprechpartner

Aachen – Täglich erreichen die Aachener Polizeipressestelle viele Anrufe von netten Kollegen, Journalisten, die meist »nur« das eine wollen: Auskünfte. Dafür sind wir da. Und dennoch kommt, wie so oft, noch ein kleiner Plausch zustande. Das tut gut und gehört dazu.

Aber es gibt auch Tage, da ist der eine oder die eine nicht so gut drauf. Heute scheint so ein Tag zu sein. Beim pflichtgemäßen Studieren der Tagespresse stach u. a. das Horoskop ins Auge, das für den Verfasser dieser Zeilen nichts Gutes bedeutete.

»Pflichten lasten schwer auf meinen Schultern. Ich werde von der Arbeit erdrückt und zur Verantwortung gezogen«, liest es sich dort.

Beim Chef der Pressestelle sieht es nicht anders aus. Den rufen Sie bis Mittag am besten erst gar nicht an. Er neige in der ersten Tageshälfte zur Unsachlichkeit. Gedanken und Gefühle würden sich vermischen, heißt es da. Er lasse sich von Emotionen beeinflussen – mehr als üblich.

Das alles liest sich bei der neuen Kollegin in der Pressestelle ganz anders. In ihrem Horoskop (Krebs) steht: »Sie sprechen heute besonders viel? Sie sind offen für Neues, vernünftig, gesprächs- und lernfreudig. Geistige Arbeit erledigt sich fast von alleine.«

Damit ist doch wohl allen klar, wen Sie heute fragen können – oder?

Polizei sollte Koffer knacken

Stolberg – Völlig verzweifelt schleppte am Abend ein Frau aus Würselen einen Hartschalenkoffer zur Stolberger Polizei. Sie bat um behördliches Knacken des Koffers.

Im Rahmen der Urlaubsvorbereitung hatte sich das Ehepaar einen neuen Koffer gekauft. Jetzt, wenige Stunden vor dem Abflug, sollte das gute Stück bepackt werden. Sie berichtete, dass ihr Mann laut Bedienungsanleitung des Modells »Panzernoblesse mit Dreifach-Zahlenschloss« eine persönliche Codenummer eingegeben und den Hebel umgelegt habe. Nur, in der Hektik der Urlaubsvorbereitung habe er die Zahlenkombination vergessen.

Selbst Verwandte und Bekannte konnten den Koffer nicht öffnen. Zur Polizei sei sie gegangen, weil die doch Spezialisten beschäftige, die doch auch »Zahlenschlösser bei Fahrrädern knacken« können.

Gleich mehrere Freunde und Helfer machten sich sodann ans Werk. Vergeblich. Kapitulation. Da blieb nur noch der Hinweis auf den Schlüsseldienst. Oder aber, weniger Kleidung mitzunehmen. Die Wetterprognosen erlauben das.

Freund und Helfer mit Spaghetti Bolognese unterwegs

Mit ganz anderen Augen blickten Kinder eines Aachener Kindergartens gestern Mittag auf einen Polizisten, der sich im wahrsten Sinne des Wortes als Freund und Helfer entpuppte.

Statt eines Cateringservices brachte ein uniformierter Polizist den Kindergartenkindern in Thermobehältern das Essen. Spaghetti Bolognese. Denn beinahe wäre das Essen nicht rechtzeitig an den Zielort in der Brabantstraße angekommen. Das kam so: Auf dem Weg dorthin war der Lieferwagen der Cateringfirma »Götterspeise« in einen Unfall verwickelt. Der Wagen – total verbeult – musste abgeschleppt werden. Folglich bestand keine Möglichkeit, das Essen weiterzutransportieren. Kurzerhand riefen die Polizisten, die den Unfall an der Jülicher Straße / Ottostraße aufnahmen, einen weiteren Streifenwagen herbei. In den wurden dann die Thermobehälter »Spaghetti Bolognese« umgeladen mit Ziel: Brabantstraße.

Der Auslieferungsfahrer der Polizei berichtete nach getaner Arbeit, dass er nicht nur in hungrige Kindermäuler, sondern auch in riesige, erstaunte Augen schaute. Der Kollege nahm sich Zeit, viel Zeit. Für die Kinder sei er der Held an diesem Tag gewesen, berichtete er später in der Wache. Auch wenn für den Helden am Ende kein Portiönchen mehr übrig blieb …

Kapitel 2:
Kinder und die Polizei

Kinder sind ja oft die Leidtragenden,
wenn wir Erwachsene uns streiten.
Diese Erfahrung machen Polizisten jeden und jeden Tag.
Leider. Und dennoch erleben wir als Polizisten
gerade mit Kindern auch sehr schöne Geschichten.
Fast an jedem Tag haben wir in der Region
einen Einsatz mit Kindern …

11-Jähriger beschwert sich per Notruf über Zwangsarbeit

Aachen – Ein 11-jähriger Junge hat die Polizei über »110« angerufen und sich über »Zwangsarbeit« im Haushalt beschwert. Fast fünf Minuten dauerte das vermittelnde Gespräch zwischen dem kleinen Leon (Name geändert) und dem Polizeibeamten in der Leitstelle »Robert«.
Hierzu das gekürzte Protokoll:

»Polizeinotruf!«
Mit krächzender, fester Stimme der kleine Leon: »Hallo, meine Mutter lässt mich zwangsarbeiten!«
Polizei: »Was lässt Deine Mutter Dich?«
Leon: »Zwangsarbeiten!«
Polizei: »Das musst Du mir aber mal erklären, wie alt bist Du überhaupt?«
Leon: »11 Jahre. Die lässt mich den ganzen Tag arbeiten!«
Polizei: »Was musst Du denn machen? Erzähl mal!«
Leon: »Ich muss hier sauber machen, ich muss die Terrasse sauber machen … den ganzen Tag nur arbeiten hier! Ich hab' überhaupt keine Freizeit mehr!«
Polizei: »Weißt Du denn überhaupt, was zwangsarbeiten ist?«
Leon: »Mhm, jaaaah …«
Polizei: »Wo ist die Mama denn?«
Leon, der merkt, dass es jetzt ganz ungemütlich wird: »Die steht neben mir.«
Polizei: »Dann gib sie mir mal.«
Leon geknickt: »Jaaa…«
Mutter: »Guten Tag. Sie müssen entschuldigen, aber seit Wochen hält er mir vor, er müsse zwangsarbeiten. Seitdem will er die Polizei anrufen. Jetzt, als

er ein paar Papierschnipsel, die auf dem Boden lagen, aufheben sollte, wollte er Sie anrufen, was er dann auch getan hat. Er spielt den ganzen Tag. Und wenn er mal das aufräumen soll, was er durcheinandergebracht hat, meint er, es sei Zwangsarbeit. Ich dachte, jetzt lässt Du ihn einfach mal anrufen.«

Es entwickelte sich ein informatives Gespräch mit der Mutter. In dem wurde deutlich, dass der Sprössling zurzeit die Grenzen seiner Trotzphase auslotet. Leon dagegen hatte sich zwischenzeitlich auf sein Zimmer verkrochen und stand für ein Abschlussgespräch mit dem Polizeibeamten nicht mehr zur Verfügung.

Ungewöhnlicher Löscheinsatz

Aachen – Einsatz der Sorte: Hatten wir noch nicht. Wochenende, am Nachmittag der Notruf einer Anwohnerin in der Lothringer Straße. Die Dame hatte hinter einem Gemäuer Qualm vernommen und vermutete Böses. Ein Streifenwagen stand in der Nähe und wollte – bevor die Feuerwehr alarmiert wird – selbst nachschauen.

Den Ordnungshütern bot sich ein beeindruckendes Bild, als sie in den Hof hineinschauten. Zwei Kinder hatten sich vor einem kleinen, qualmenden Laubhügel versammelt. Kichernd versuchten sie, mit natürlichen, im Körper vorhandenen Löschwasserreserven das Feuer zu bekämpfen. Trotz offensichtlicher Kraftanstrengung allerdings mit mäßigem Erfolg.

Die Beamten bevorzugten die wirksamere Variante und traten das Feuerchen aus. Sie ermahnten die Jungs eindringlich und brachten sie zu ihren Eltern.

Kurios: 8-Jähriger flüchtete aus Angst vor einer Spritze

Aachen – Aus Angst vor einer Spritze ist ein achtjähriger Junge aus der Praxis eines Arztes geflüchtet. Der kleine Erdenbürger, offenbar bereits in jungen Jahren mit einer guten Portion Entschlussfreudigkeit ausgestattet, löste damit einen Polizeieinsatz aus.

Seine Mutter hatte mit ihm zusammen die Praxis eines Kinderarztes aufgesucht. Aus therapeutischer Sicht sollte dem Jungen eine Spritze verabreicht werden. Ob nun die zuvor erfolgte Aufklärung über das Setzen oder die Wirkung einer Spritze wenig überzeugend oder gar ihr Anblick erschreckend wirkte, ist nicht überliefert. Jedenfalls ergriff der Junge die Flucht. Als intensive Suchmaßnahmen im Umfeld der Praxis nicht zum Erfolg führten, rief die Mutter die Polizei.

Ein Motorradpolizist und zwei Polizisten im Streifenwagen suchten nach dem kleinen Patienten. Auf das Rufen seines Namens reagierte er nicht. Selbst die Verharmlosung der Situation »alles halb so schlimm, komm bitte!« bewertete der Achtjährige anders als Mama, Polizei und die Sprechstundenhilfen. Die im Suchen geübte Polizei fand den jungen Mann schließlich, hinter einem geparkten Auto kauernd in der Nähe der Praxis.

Mutter und Sohn kamen dann auch im Versteck zusammen. Im weiteren Verlauf leisteten die Ordnungshüter dann Überzeugungsarbeit in Sachen Spritzen und stellten als Belohnung eine Fahrt im Streifenwagen in Aussicht. Der Junge entschied sich aber für das Angebot der Mutter, nach tapferer Behandlung zwei Spielzeugautos zu bekommen. Wie gesagt, schon heute zeichnet sich eine gewisse Entschlussfreudigkeit ab.

Pampers voll - neunjähriges Brüderchen sorgt für Aufregung

Aachen / Niederlande – Im Endeffekt sorgte eine volle Pampers für eine Verkettung unglücklicher Umstände.

Gegen Mitternacht war beim jüngsten Sprössling einer noch jungen Familie aus dem Kosovo am Ortsrand von Aachen auch die letzte Windel gefüllt. Doch noch unerfahren in der Bevorratung solch wichtiger Utensilien erschien die Lösung, den neunjährigen Bruder in den Bus zu setzen und bei der Verwandtschaft, die mit einem Paket Nachschub am Aachener Bushof wartete, die einzig wahre. Ein fataler Irrtum.

Kurz nach Mitternacht, also nach knapp einer Stunde, war das Kind noch immer nicht am Bushof angekommen. Als eigene Nachforschungen der Familie kein Ergebnis brachten, wurde bei der Polizei Vermisstenanzeige erstattet. Nach Überwindung erster sprachlicher Hürden lief die Fahndung auf Hochtouren – auch im Grenzgebiet Holland und Belgien.

Schließlich meldete sich ein Busfahrer in Heerlen (NL). Der hatte den beschriebenen Jungen an der Endstation aussteigen sehen. Da ein Mann mit ausstieg, hatte der Fahrer gedacht, das sei der Vater gewesen. Falsch! Weitersuchen! Gegen 01.20 Uhr griff eine niederländische Streifenwagenbesatzung den Jungen in Locht (NL) auf. Wie der Junge bis in dieses über 100 Kilometer entfernt von Aachen gelegene Örtchen gelangte, blieb ungeklärt. Flugs ging es mit einer Streifenwagenstafette Richtung Heimat. Gegen 2 Uhr schlossen sich die Arme der glücklichen Eltern um den Jungen. Damit war das Hauptproblem gelöst, der Junge wieder da. Die Ausgangslage jedoch – siehe oben – bestand unverändert.

Kinder im Zug – Mutter draußen: Polizei führte Familie zusammen

Aachen / Stolberg – Eine weitere Facette von polizeilicher Familienzusammenführung stand gestern Nachmittag auf dem Programm zweier Polizisten.

Eine junge Mutter war mit ihren drei kleinen Söhnen unterwegs. Auf dem Bahnsteig des Stolberger Hauptbahnhofs hatte man sich gefunden, um nach Aachen zu fahren.

Die beiden fünf- und achtjährigen Sprösslinge, der Technik und dem Anblick eines echten Zuges erlegen, waren forsch und standen bereits im Gang des Zuges. Derweil die Mutter noch auf dem Bahnsteig mit der Technik des Kinderwagens haderte, in dem Sprössling drei zufrieden saß. Als sich der planmäßige Einstieg aufgrund dieses Problems – offenbar vom Bahnpersonal unbemerkt – verzögerte, schlossen sich die Türen: Der Zug setzte sich in Bewegung – nach Aachen. Blankes Entsetzen bei der Mutter, zumal ihre zwei Steppkes ihre Handtasche samt Handy bereits mit an Bord hatten.

Kurzerhand lieh sich die Mutter ein Handy und alarmierte die Polizei. Die wiederum die Bundespolizei, die wiederum die Lokführerin. Gleichzeitig meldeten sich Fahrgäste bei der Polizei, die zwei verzweifelte kleine Fahrgäste ohne Mama im Zug trösteten.

In einer konzertierten, spontanen Aktion wurden nun Landespolizei, Bundespolizei und die DB AG aktiv. Bundespolizisten nahmen die zwei von Fahrgästen betreuten Steppkes am Aachener Bahnhof in Empfang.

Stolberger Polizisten orderten extra einen Bulli und transportierten Mama nebst Kinderwagen und Steppke drei zum Aachener Hauptbahnhof.

Dort gab es dann die mitunter tränenreiche aber glückliche Familienzusammenführung. Ob die junge Mutter dann noch Lust hatte, in Aachen einzukaufen, ist nicht überliefert.

Kinder stritten um Reihenfolge beim Duschen

Aachen – Lautes, kreischendes Kindergebrüll ließen einige Anwohner der Eupener Straße am Abend die Polizei alarmieren. Aus einer genau ausgemachten Wohnung in einem Mehrfamilienhaus drangen laute Schreie. Davon konnten sich auch die Beamten bei ihrer Ankunft überzeugen. Überraschung dann, als die Beamten an der Wohnungstüre schellten. Offenbar hatte sich ein Brüderpaar um die Reihenfolge beim Duschen gestritten. Der Kleinere, etwa 12 Jahre, konnte sich mit seiner Niederlage nicht abfinden und ließ seinem Unmut freien Lauf.

Die Eltern waren nicht zugegen. Sie können aber stolz sein ob der Reinlichkeit ihrer Kinder. Es soll ja vorgekommen sein, dass Kinder ungehalten waren, wenn sie sich waschen mussten.

Die Ordnungshüter brachten jedenfalls die Reihenfolge nicht durcheinander, sie baten lediglich um etwas mehr Ruhe.

7-Jähriger alleine im Bus unterwegs, Kind schildert Odyssee

Eschweiler – 28.04.2009 – 12:58 – Nachdem der 7-jährige Yves gestern (Montag) aus der Schule nicht nach Hause gekommen war und dann Eltern, Verwandte, Freunde und Polizei über Stunden in Atem gehalten hatte, gab es noch am selben Abend Entwarnung.

Der kleine Mann war in Zülpich (Kreis Euskirchen) aufgegriffen und der Polizei übergeben worden. Mit einer Streifenwagenstafette (Polizei in Euskirchen / Düren / Aachen) wurde der kleine Mann am späten Abend nach Hause, in die Arme seiner Eltern gebracht. Bereits da war erkennbar, dass Yves offenbar nicht das Opfer einer Straftat geworden war, sondern wahrscheinlich auf »eigene Rechnung eine Tour durch die Gegend« gemacht hatte.

Heute Morgen nun, als die Aufregung sich ein wenig geglättet hatte, sprachen die Aachener Vermisstenfahnder mit dem Jungen zu Hause und ließen sich dessen Odyssee genau erklären. Demnach habe die Mutter ihren Sohn an der Schule in Eschweiler abholen wollen. Dort hatten sich die zwei aber offenbar verpasst. Also stieg der Junge wie gewohnt in einen Bus. Allerdings in den falschen. So ging denn auch die Fahrt des voll besetzten Busses in die verkehrte Richtung. Und das über Stunden. Wobei der Junge immer dachte, gleich kommt das, was du kennst. Kam aber nicht. Unterwegs stieg er nach eigenen Angaben drei oder vier Mal um. Klappte immer. Außer dann am Abend. Da sprach ihn ein Busfahrer in Zülpich an, wo der kleine Mann denn hin wolle. Als keine überzeugende Antwort kam, rief der aufmerksame Busfahrer die Polizei.

Die spendierte dem Kleinen erst einmal Getränke und päppelte ihn ein wenig auf. Später wurde anhand der Vermisstenmeldung klar, dass es sich bei dem Jungen um Yves aus Eschweiler handelt.
Der Rest ist bekannt.

Fest steht: Der Junge ist keiner Straftat zum Opfer gefallen. Und: die Busverbindungen ins Zülpicher Land sind klasse und kinderleicht zu handhaben. Siehe Yves.

Junges Quartett hatte einiges gestohlen

Aachen – Drei Jungen (12 und 14 Jahre alt) und ein fünfzehnjähriges Mädchen sind Montag von einem Ladendetektiv beim Diebstahl erwischt worden.

Das Quartett hatte umfangreiches Diebesgut dabei. Neben Sonnenbrillen kamen Feuerzeuge, Unterwäsche, mehrere Schmuckketten und andere Kleinteile zum Vorschein. Der Verdacht liegt nahe, dass die Kinder mit ihrem derzeitigen Entwicklungsstand unzufrieden sind. So fanden sich beim Diebesgut auch eine Gummibrust und ein Gummiglied.

Gegen die Schüler wurden Strafverfahren eingeleitet, wobei der 12-Jährige noch strafunmündig ist, der 14-Jährige ist dagegen schon strafmündig. Alle wurden ihren Eltern übergeben.

Na bitte - es geht auch ohne Staatsgewalt

Aachen – Dass man etwas aus der Welt schaffen kann, ohne gleich nach der Staatsgewalt zu rufen, zeigt das Beispiel einer Sachbeschädigung durch vier recht junge Täter.

Da diese aber im Kindergarten sind, nennen wir sie einfach Verursacher. Fernab jeder Kriminologie. Diese Kindergartenkinder spielten bei herrlichem Wetter im Garten des Hortes.

Idylle, bis einer der Kinder die Frage stellte, wer es denn schaffe, mit einem Stein über die immerhin über drei Meter hohe Gartenmauer zu werfen. Das gesamte Quartett unternahm den Versuch und war aus seiner Sicht sehr erfolgreich. Allerdings sehr zum Leidwesen der Autobesitzer, die ihre Karossen auf der anderen Seite der Mauer ordnungsgemäß geparkt hatten. Neben Blechschäden waren zwei zerborstene Windschutzscheiben zu beklagen.

Die Leiterin des Kindergartens hatte, nach einem gehörigen Donnerwetter, ihre Ermittlungen bereits aufgenommen, als die Polizei eintraf.

Die zwei Autobesitzer erschienen an Ort und Stelle. Sie zeigten sich erschrocken bis entsetzt. Als sie aber über den gesamten Vorfall aufgeklärt wurden, agierten sie einfühlsam und nachsichtig. Ohne Strafanzeige müsste diese sportliche Leistung der Kinder zu regeln sein, so ihr Fazit. Wenn jetzt noch die Versicherungen mitspielen, kann man zu dem Gesamturteil kommen: Na bitte, so geht's auch.

Alleinerziehender Vater mit Sohn

Aachen – Kindergeschrei meldete der Bewohner eines Mehrfamilienhauses in der Innenstadt vormittags aus einer Parterrewohnung. Eine gemischte Streifenwagenbesatzung, eine Beamtin und ihr Begleiter, hörte tatsächlich Gepolter und Geschrei aus dem Haus.

Auf Klingeln meldete sich hinter der Tür ein fünfjähriger Junge und erzählte, dass er alleine in der Wohnung sei, der Vater sei zur Arbeit gegangen und die Mutter wohne nicht da. Weil die Wohnungstüre nicht zu öffnen war, der Junge aber aus seiner misslichen Lage befreit werden sollte, wurde in einer gemeinsamen Aktion Junge/Polizei die Befreiung geplant. Ein Fenster konnte der Fünfjährige alleine öffnen; das Herausholen besorgten Freund und Helfer.

Voller Begeisterung, in einem richtigen Streifenwagen zu sitzen, erzählte der Knirps, dass sein Vater am Morgen mit ihm kräftig geschimpft habe. Sein Frühstück habe er viel zu langsam gegessen und dann auch noch Otzen (Anmerkung des Autors: rheinischer Ausdruck für Essensreste) gemacht. Da habe der Papa ihn bestraft, ihm verboten, in den Kindergarten zu gehen und ihn eingeschlossen.

Im Streifenwagen machte sich das Trio auf den Weg zum Kindergarten. Während die Beamtin den Einsatzanlass dezent mit der Erzieherin besprach, wurde der Junge mit Stolz und Bewunderung in die Gruppe seiner Spielkameraden aufgenommen. Weil er sich in dieser Umgebung augenscheinlich sehr wohl fühlte, wurde einstimmig beschlossen, das Kind bis zur endgültigen Klärung des Sachverhaltes dort zu lassen. Die Erzieherin betonte, dass sie den Vater als äußerst pflichtbewusst kenne.

Während die Ermittlungen nach dem Vater liefen, meldete der zeitgleich auf der Wache seinen Sohn als vermisst. Seine Aufregung legte sich schnell. In einem netten Gespräch erklärte er, dass er alleinerziehend sei.

Ab und an versuche sein Sprössling ihm auf der Nase herumzutanzen. So auch an diesem Morgen. Weil er terminlich unter Zeitdruck stand, habe er sich zu dieser »unglücklichen Lösung« entschieden und den Jungen eingesperrt. Letztendlich sei er nur eine Stunde fort gewesen.

Diese Zeit reichte aber aus, um viele Leute in Aufregung zu versetzen.

Kinder zu laut in einem Lokal

Aachen – Eine Strafanzeige wegen Beleidigung mussten Polizeibeamte gestern Mittag in einem Lokal in der Dammstraße aufnehmen.

Am Fronleichnamstag hatten sich dort neben anderen Gästen eine Familie, Vater, Mutter mit zwei kleinen Kindern und eine allein stehende Dame eingefunden. Alle wollten es sich gut gehen lassen. Eigentlich. Es kam ein wenig anders.

Beachtlich, dass es sich um ein kinderfreundliches Lokal handelt. So steht für die Kleinen eine Spielkiste bereit. Damit vergnügten sich die Sprösslinge auch. Nach Ansicht der nicht weit entfernt sitzenden alleinstehenden Dame jedoch zu laut.

Sie beschwerte sich bei der Mutter und bat darum, den Lautstärkepegel etwas herunterzuschrauben. Daraufhin schaltete sich das Familienoberhaupt ein und forderte die nach seiner Ansicht zu empfindliche Dame auf, das Zigarettenrauchen unverzüglich einzustellen. Darauf folgte ein Streitgespräch, in dem man sich gegenseitig mit Worten der Stufe vier auf der nach oben offenen Richterskala für Schimpfwörter betitelte. Schließlich wurde der Wirt aufgefordert, für Schlichtung zu sorgen. Der schlug sich jedoch, sehr zum Verdruss der Familie, auf die Seite der alleinstehenden Dame. Es kam zu einer ausgedehnten Auseinandersetzung, in deren Verlauf die Familie geschlossen hinter ihrem Oberhaupt das Lokal verlassen wollte. Dies verhinderte nun der Wirt, der sich ob des gereichten Essens nun verprellt fühlte.

Also musste die Polizei ran. Die Beamten nahmen an dem eh recht trüben Feiertag die Personalien auf und schrieben eine Anzeige. Gegen wen eigentlich? Der eine sagt so, der andere so … Die Kinder indes interessierte es weniger. Die spielten bis zum bitteren Ende. Weil es so laut war, haben sie wahrscheinlich von alledem nichts mitbekommen. Gott sei Dank!

Kapitel 3:
Tiere und Geschichten
um sie herum

Man glaubt es kaum, aber tierische Einsätze
gibt es zuhauf bei der Polizei.
Tagtäglich geben Tiere – von Kuh, Schaf, Hund
bis zum Marder – Anlass für polizeiliches Einschreiten.
Tiere lösen schon einmal sehr hitzige Debatten aus
unter uns Menschen, wenn wir gerade einmal die Leidtragenden
tierischer Umstände sind. Den Tieren ist es meist egal.
Sie nehmen es allemal gelassener hin.

Hund mit Fahrradständer als Unfallverursacher

Monschau – Ein größerer Hund, Augenzeugen beschrieben ihn als Boxer, hat Dienstagnachmittag einen Unfall gebaut. Besser gesagt, nicht er, sondern der Fahrradständer, der an dem Tier hing.

Und das kam so:
Frauchen wollte in einem Drogeriemarkt einkaufen, beachtete fein das Schild »Wir müssen draußen bleiben!« Mangels fehlender Befestigungsmöglichkeit band sie den Hund an den zurzeit ungenutzten Fahrradständer. Während Frauchen einkaufte, beobachtete der Hund entspannt den vorweihnachtlichen Stress der Menschen.

In diese Phase der inneren Ausgeglichenheit beim Tier muss ein Ereignis stattgefunden haben, das den Hund urplötzlich hochschnellen und weglaufen ließ. Jedenfalls ergriff das Tier die Flucht oder startete einen Angriff – auf was oder wohin auch immer. Zeugen beschrieben, dass es schepperte und jemand rief, dass »der Fahrradständer wegläuft!«

So war es, dass der Boxer quer über den Parkplatz hechtete, dabei jedoch vergaß, dass an seiner Leine besagter Fahrradständer folgte. Folglich berechnete das Tier den Radius einer Kurve dermaßen falsch, dass der Fahrradständer zu weit ausscherte und gegen ein geparktes Auto stieß.

Entsprechend der Straßenverkehrsordnung und den Rechten und Pflichten eines Verkehrsteilnehmers wartete der Hund, sichtlich gezeichnet ob seines Missgeschicks, das Eintreffen von Frauchen und später der Polizei ab.

Autobesitzer und Frauchen regelten den Schaden untereinander. Der Hund blieb außen vor.

Auch die Polizei hielt sich weitgehend im Hintergrund, empfahl jedoch, die tägliche Ration an Kraftfutter für das Tier vielleicht etwas zu reduzieren …

»Dat hat mich jerade noch jefehlt!«

Aachen – Unzählige Male wurde am Wochenende die »110« gewählt. So oft wie noch an keinem Wochenende im Jahr. Selbst Karneval wurde in dieser Hinsicht in den Schatten gestellt.

Apropos Schatten: Bei einer Anruferin konnte die Polizei nicht so richtig weiterhelfen: das heißt, sie wollte, konnte aber nicht. Zu schnell hatte die Dame aus der Voreifel wieder aufgelegt. Zu unfachmännisch schien ihr die Antwort des Polizeibeamten in der Leitstelle.

Dazu folgender Wortlaut: »Hallo Polizei! Ich komm jetzt hier die Straße lang. Da steht seit hück morjen ein Pferd mit seinem Hinterteil pratsch in de Sonn.«
Polizist: »Und was soll die Polizei jetzt tun?«
Anruferin: »Dat Pferd kricht doch Sonnenbrand!«
Polizist: »Gute Frau, ein Pferd hat doch ein Fell. Das bekommt keinen Sonnenbrand!«
Anruferin: »Dat hat mich jerade noch jefehlt! Tschö!«

Sichtlich unzufrieden hatte die Dame aufgelegt. Und das, bevor der Beamte sein gesamtes Tierwissen darlegen und helfen konnte.

Besorgte Bürgerin:
Ein Schaf und kalte Füße

Aachen – Wegen der tiefen Temperaturen und des andauernden Schnee-falls machen sich manche Aachener Bürger Sorgen ums Vieh, dass auf den Weiden den Minusgraden trotzt.

So auch jetzt eine Spaziergängerin, die auf eine Weide mit mehreren Schafen blickte. Sie rief die Leitstelle der Polizei an und teilte mit, dass die Tiere mit Sicherheit frieren, wo es doch so bitter kalt sei.

Als der Beamte mehr etwas scherzhaft sagte, die Tiere seien doch warm angezogen, entgegnete sie völlig besorgt. »Die haben zwar dicke Wolle am Leib, aber die müssen doch kalte Füße kriegen.«

Der Beamte, in Brehms Tierleben grundsätzlich versiert, konnte die Frau beruhigen, indem er ihr erklärte, dass die Hufspitzen von Schafen nicht durchblutet seien und deshalb auch keine Kälte weitertransportieren könnten. Folglich hätten die Tiere auch keine kalten Füße. Damit zeigte sich die besorgte Anruferin zufrieden.

Um ganz sicher zu sein, hakten wir natürlich an sachkundiger Stelle nach. Einfach gesagt sind Schafe Zehenspitzengänger. Deren Hornschicht wird nicht durchblutet. Die »Füße« müssen sogar kalt sein, sonst stimmt etwas nicht.

Entwarnung also für alle Schafe, die keine Schluppen tragen.

Meldung von verletzter Kuh und totem Reh

Aachen – Der Notruf eines erschrockenen und bestürzten Autofahrers am Morgen bei der Polizeileitstelle sorgte für Klärungsbedarf:

Das Polizeiprotokoll hierzu:

10:19 Uhr, Autofahrer über Handy an die Polizei:
Auf der Venwegener Straße / Braunebusch liegen am Fahrbahnrand eine verletzte Kuh und ein totes Reh. Mehr kann ich nicht sagen, ich muss weiter …

10:20 Uhr, Polizei an Feuerwehr:
Wahrscheinlich verletzte Kuh und totes Reh auf der Venwegener Straße / Braunebusch; Bitte um Unterstützung

10:20 Uhr, Feuerwehr an Polizei:
Wir fahren mit raus!

10:52 Uhr, Polizei und Feuerwehr an alle:
Entwarnung: Totes Reh und verletzte Kuh sind wohlauf. Es handelt sich um eine kalbende Kuh. Mutter und Kind geht es gut! Stolzer Landwirt ist auch hier.

Wie dem netten Anrufer diese verzeihbare Fehldeutung seiner Beobachtung passieren konnte, ist nicht überliefert. An Ort und Stelle war noch zu hören: »War bestimmt ein Städter!« oder »Eine Frau hätte das sofort gesehen!« Daran beteiligen wir uns nicht…

Kuh der Sorte Rotbunt spazierte eine Stunde über die Autobahn

Aachen – Eine Kuh der Sorte Rotbunt hat heute Mittag für eine Stunde den Verkehr auf der Autobahn 44 in Richtung Belgien lahmgelegt.

Das Tier hatte sich offenbar auf einem Spaziergang verlaufen und irrtümlich die Autobahn benutzt. Und dadurch natürlich einen immensen Polizeieinsatz ausgelöst.

Angefangen hatte das Ganze um 12.15 Uhr. Da hatten Autofahrer das 500 bis 600 kg schwere Tier auf der Autobahn gesehen und die Polizei alarmiert.

Als die Kuh, deren Name nicht überliefert ist, die Abfahrt Aachen-Brand benutzte, versuchten Aachener Ordnungshüter das wiederholte Auftraben auf die Autobahn zu verhindern. Allerdings vergeblich. Die Beamten fanden zum Jungtier offenbar keinen Zugang. Die Rotbunten gelten eh als sehr eigenwillig.

Schließlich spazierte das Tier, das sich auch durch herbeigeholtes Kraftfutter nicht locken ließ, wieder auf die Autobahn.

Die polizeiliche Situation zu diesem Zeitpunkt:
Die Autobahnpolizei sperrte die Autobahn 44 zeitweise komplett.
Die Aachener Polizei lockte mit Kraftfutter und bot die Abfahrten an.
Drei Bauern aus der Umgebung halfen.
Die meisten Verkehrsteilnehmer nahmen das Schauspiel locker.
Ein Tierarzt stand mit der Waffe Gewehr bei Fuß.

Schließlich kam Letzterer nach knapp einer Stunde, als das Tier keinerlei Anstalten machte, die Autobahn freiwillig zu verlassen, zum Zuge. Mit einem gezielten Schuss aus einem Betäubungsgewehr stellte er die Rotbunte ruhig.

Mit einem kleinen Kran wurde das tief schlafende Tier in einen Anhänger gelegt und zum Bauern gebracht. Um 13.15 Uhr wurde die Autobahn wieder in beide Richtungen freigegeben.

Wie die Kuh ausbüxen konnte und wohin sie letztendlich wollte, ist ungeklärt. Wird auch immer ihr Geheimnis bleiben, denn das Tier machte nicht den kommunikationsfreudigsten Eindruck.

Einbrecher konnte fliegen

Eschweiler – Sonntagmittag. 11.35 Uhr.
Die Polizei erhält einen Anruf. Ein Ehepaar, gerade von einem Spaziergang nach Hause gekommen, hört im eigenen Einfamilienhaus ein Rumpeln und befürchtet: Einbrecher im Haus.

Während sich das Paar während des Telefonates mit der Polizei noch im Erdgeschoss aufhält, ist im ersten Stock ein deutliches Rumpeln zu hören.

Die Polizei rückt gleich mit mehreren Streifenwagen (ohne Tatütata) aus. Der Rest ergibt sich aus dem folgenden Protokoll (auszugsweise):

Leitstelle: »Fahren Sie xy-straße, Hausbesitzer vermutet Täter am Ort.«

Streifenbesatzung 1: »Verstanden«.

Streifenbesatzung 2: »Verstanden«…..

Leitstelle: »Großes Einfamilienhaus! Über den Friedhofsparkplatz anfahren!«

Anrufer: »Die Geräusche kommen eindeutig aus dem ersten Obergeschoss!«

Leitstelle: «An die Einsatzkräfte: Die Frau hat das Haus verlassen; der Mann hat sie nach draußen in Sicherheit geschickt!«

Leitstelle: »Sonder- und Wegerechte sind freigegeben!«

Leitstelle: »Neue Informationen vom Anrufer: Derzeit ist nichts zu hören. Das Haus verfügt über keinen Balkon; der Tatverdächtige müsste bei seiner Flucht aus dem Fenster springen!«

Streifenbesatzung: »Verstanden. Kommen aus unterschiedlichen Richtungen zum Tatort!«

Leitstelle: »Anrufer hat Kontakt mit den Kollegen. Im ersten Obergeschoss steht ein Fenster offen:!«

Streifenbesatzung 1: »Wir umstellen das Haus!«

Streifenbesatzung 2: »Wir gehen rein!«

Ruhe im Funk …

Streifenbesatzung 2: »Täter gestellt: ein Spatz!«

Ruhe im Funk …

Streifenbesatzung 2: »Haben den Tatverdächtigen gestellt. Es handelt sich um einen kleinen Spatz.«

Alle Kräfte: »Verstanden!«

Leitstelle: »Einsatz 12.20 Uhr beendet.«

Erste Ermittlungen ergaben, dass der Spatz, dessen Herkunft bislang nicht geklärt ist, vermutlich durch das nicht verschlossene Waschküchenfenster in das schnuckelige Haus und weiter in den ersten Stock und das Schlafzimmer gelangte.

Ob im Überdruss oder wegen einer aufgrund des jungen Alters geschuldeten verbesserungswürdigen Flugstabilität war der Spatz an einige kleinere Einrichtungsgegenstände geraten und hatte sie zum Teil umgestoßen. Was sich letztendlich als dieses verdächtige Rumpeln entpuppte ...

Tierische Meldung zur Überbrückung des Brückentages

Aachen – Zur Überbrückung des Brückentages und zur Kenntnisnahme der heute am Arbeitsplatz verharrenden Arbeitnehmer eine kleine tierische Beamtengeschichte, zugetragen am Aachener Bahnhof.

Ein Fahrgast aus Tirol (Österreich) hatte Zug und Bahnhof verlassen und war des Weges in Richtung Aachens schöne Innenstadt, als ihm unterwegs drei gefiederte Waisenkinder zu Füßen lagen. Ein prüfender Blick des Hobby-Ornithologen: Es handelte sich zweifelsfrei um Exemplare von Cyanistes caeruleus. In Aachen und anderswo als Blaumeise bekannt. Zustand: bemittleidenswert, da elternlos, offenbar verlassen, verstoßen oder Folge eines Unfalls. Um weiteres Unheil und damit eine Verschlimmerung der Gesamtsituation zu vermeiden, nahm der Gast die Tiere auf und bettete sie vorsichtig in seinen Hut –, den Tirolerhut.

Da Polizisten ein Gespür dafür haben, wo Hilfe nötig ist, kam eine Fußstreife des Weges. Vom Mann aus Innsbruck kurz über die Lage informiert, wurden die noch schwach gefiederten Geschwister vom fein verarbeiteten Filzhut in die Plastikatmosphäre der kargen Dienstmütze umgebettet. Unmut machte sich fortan bei den Blaumeisen breit. Dies zeigte sich offenkundig in den nun sich häufenden Ausscheidungen der Tierchen im Inneren des Schirmmützenbereiches.

Während der Tourist mit dem Tirolerhut hoheitlichen Dank erhielt, erwartete die Tiere eine Fahrt Richtung Tierpark mittels Streifenwagen. Dort wurden sie nach Vorankündigung freudig in Empfang genommen.

Man war guter Dinge, die Tiere wieder aufpäppeln zu können. Eine erfreuliche Aussicht. Weniger erfreulich der Anblick der Mütze. Cyanistes caeruleus hatten deutlich ihre Spuren hinterlassen und die für sie durchaus beschissene Situation auch zum Ausdruck gebracht. Schnell zu beseitigen, denkt man. Mitnichten.

Entgegen des stets Geregelten im Beamtenleben fehlt die Waschanleitung in der Mütze. Lediglich der dicke Stempel »stirndruckfrei«, »Deutsches B-Patent« und die Kopfgröße »58« stechen goldfarben ins Auge, mehr nicht.

Bis zur eindeutigen Klärung der Waschhinweise bleibt der Beamte hutaber nicht kompetenzlos. In der Ausführung«A-Patent« soll die Waschanleitung übrigens vorhanden sein, munkelt man ...

Pudel hatte den Verkehr im Griff

Aachen – Einen auf der Monschauer Straße marschierenden Pudel, der eine längere Autoschlange »hinter sich herzieht«, meldeten um 10.00 Uhr gleich mehrere Autofahrer und Spaziergänger. Trotz der hohen Temperaturen machten die Verkehrsteilnehmer am Telefon einen eher entspannten bis gelassenen Eindruck.

Zwei Funkwagen, eine Streifenwagenbesatzung und ein Mannschaftswagen mit sechs Beamtinnen und Beamten, standen in der Nähe und nahmen sich des tierischen Sachverhaltes an. Und fanden ihn bestätigt. Gestikulierend machte die augenscheinliche Besitzerin, eine ältere Dame, am Straßenrand auf sich aufmerksam. Kurz schilderte sie das, was man eh sah. Der Hund sei halt sehr lebendig. Dies sollte auch so bleiben. Also galt es, den Hund von der Straße zu bekommen.

Alle Männer und Frauen raus aus den Autos. Auch Autofahrer, Radfahrer und Spaziergänger versuchten mit süßen Worten, schnellen Spurts und langen Sprints, den Hund zur Aufgabe zu zwingen. Der wechselte jedoch sichtlich erfreut ob des weiten Auslaufs ständig die Waldseite bis … ja bis er sich verfing im Gestrüpp des Dickichts. Mittlerweile fernab seines Frauchens konnten Beamtinnen und Passanten das Tier befreien und wie es so schön heißt »in Gewahrsam« nehmen. Sofort lief der Verkehr wieder.

Die nun folgende, ungewohnte Streifenfahrt genoss der Pudel so sehr, dass er vor Freude unter sich ließ (klein). Frauchen entschuldigte sich auch sofort bei der Übergabe und sprach von der schweren Kindheit des Tieres, von der Ruppigkeit und Unbeherrschtheit der vorherigen Besitzer.

Sie hatte den 14-jährigen Pudel vor zwei Wochen aus einem Problemfall übernommen. Damit dies für die ältere Dame nicht selbst ein solcher wird, muss der Hund noch ein paar grobe Verkehrs- und Gassigehen-Regeln erlernen.

Frösche am Geldautomaten

Aachen – Einem bislang nicht bekannten Phänomen in der Tierwelt waren gestern Abend ein Bankkunde und zwei Polizisten auf der Spur. Mitunter zeigen Frösche im computerisierten Zeitalter durchaus menschliche Züge.

Sechs von ihnen hatte man jetzt in einer Bank angetroffen. Wie sie vor einem Geldautomaten hockend, einen ratlosen bis verzweifelten Eindruck machten. Durchaus gleich dem eines Menschen, der zum wiederholten Male seine PIN-Nummer vergessen hatte.

Da sich die Frösche jeglicher Kommunikation mit den Polizisten verschlossen, ein prüfender Blick in die Umgebung jedoch keinerlei strafbare Tätigkeit der Tiere erkennen ließ, erfolgte eine vorübergehende Ingewahrsamnahme der Tiere. Zu deren eigenem Schutz..

Die Vielfältigkeit der Dienstmütze einmal mehr unter Beweis gestellt, fanden die eingesammelten Frösche darin Platz. Im Streifenwagen fuhr man sie in ihre vermutete Behausung. Zu einem Tümpel in der Neuköllner Straße, in den sie fortan sprangen.

Ponys und ein Esel beim Nachtspaziergang erwischt

Alsdorf – Drei Ponys und ein Esel aus dem Alsdorfer Tierpark wurden um Mitternacht beim nächtlichen Spaziergang durch Ofdens Straßen erwischt.

Das Quartett hatte die Gelegenheit zum gemeinsamen Ausflug genutzt, da Unbekannte im Park das Gatter der Weide beschädigt und den Tieren damit das Ausbüchsen ermöglicht hatten.

Zunächst glaubten mehrere verwunderte Anrufer, ihren Augen nicht zu trauen, als sie die vier beim Bummeln durch die Straßen und Vorgärten beobachteten. Offenbar in Unkenntnis der gesetzlichen Ladenschlusszeiten wirkten im Zuge der fortgeschrittenen Stunde die Überlegungen der Tiere etwas ziel- und orientierungslos.

Derweil rückte die benachrichtigte Feuerwehr an. Ausgerüstet mit Licht und Lassos. Polizei und Feuerwehr gelang es dann in der Daniel-Schreber-Straße, die Tiere zur Umkehr in den Tierpark zu bewegen. Irritiert aber durchaus willig akzeptierten die Tiere die Anordnungen der Ordnungshüter. Wenngleich sich der Esel zunächst etwas bockig oder beratungsresistent zeigte.

Im Park selber wurde das Gatter so repariert, dass ein weiterer nächtlicher Dorfbummel ausgeschlossen werden konnte.

Gegen die Unbekannten, die den Tieren den Ausflug ermöglichten, wurde eine Strafanzeige wegen Sachbeschädigung erstattet. Auch wenn's den Tieren mal gegönnt war ...

Einbrecher war ein Marder - Festnahme

Stolberg – Die aufmerksame Nachbarschaft und die Polizei haben heute Morgen in Stolberg (Rhld.) einen Einbruch in ein Haus verhindert und den Täter vorläufig festgenommen. Dabei handelt es sich um einen Marder aus Stolberg.

Eine Nachbarin hatte verdächtige Geräusche am Nachbarhaus gehört. Da die eigentlichen Bewohner verreist sind, rief die aufmerksame Frau die Polizei, die auch prompt mit drei Streifenwagen anrückte.

Bereits bei der Außenkontrolle war der Täter schnell entdeckt. Es handelte sich um einen Marder. Der war in einen Kellerschacht gefallen und versuchte nun verzweifelt, an den Rollläden wieder emporzuklettern. Beim Anblick des massiven Polizeiaufgebotes nahm der Verdächtige seinen ganzen Mut zusammen und kletterte an einem Mauervorsprung hoch. Die Flucht endete jedoch in sechs Meter Höhe, dem Ende des Vorsprungs. Der Marder saß fest.

Da das Tier keinerlei Anzeichen machte sich zu ergeben und sich ausdauernd zeigte, wurde die Feuerwehr zu Unterstützung herbeigerufen. Die Wehrleute befreiten den Täter mittels Drehleiter aus dessen aussichtsloser Lage. Nach einer genauen erkennungsdienstlichen Behandlung (Foto) wurde das Tier wieder in die Freiheit entlassen. Bislang war es strafrechtlich nicht in Erscheinung getreten.

Aufbruchspuren am Haus waren nicht erkennbar. Der Tatvorwurf des Einbruchs wird behördlich fallen gelassen.

Ein Hundehaufen und zwei Anzeigen

Alsdorf – Das »Geschäft« eines Hundes auf dem Feldweg hinter dem Rathaus schlägt in der polizeilichen Kriminalstatistik gleich mit zwei Anzeigen zu Buche.

Gegen einen frei laufenden Spaziergänger und gegen ein am Hund angeleintes Herrchen stehen Ermittlungen an. Tatbestände: Körperverletzung auf der einen, Verleumdung auf der anderen Seite.

Dem Spaziergänger nach habe der Hund mitten auf dem Weg seinen Gefühlen freien Lauf gelassen. Ohne dass das Herrchen regulierend eingriff.

Darauf angesprochen, habe der Hund weniger, sein Halter aber extrem reagiert. Herrchen beschuldigt den Spaziergänger, »der wollte den Hund treten, da habe ich mich gewehrt.« Der Spaziergänger sagt, der Hundehalter habe »sofort mehrere Male mit der Faust zugeschlagen und ihm gegen das Bein getreten.« Alles Verleumdung, sagt der andere.

Im Moment stehen die Ermittlungen unentschieden. Sie befinden sich in einer Sackgasse. Zünglein an der Waage wird jetzt wahrscheinlich der Hund. Mal schauen, was der dazu sagt. Hoffentlich schüttelt der nicht nur den Kopf!

Schönes Wochenende

Wenn's der Sau zu bunt wird

Aachen – In abgewandelter Form wurde es der Sau nicht zu bunt, sondern zu warm. Offenbar eine Folge des Wetters.

Kurz vor 15.00 Uhr meldeten gleich mehrere Autofahrer zehn galoppierende Hausschweine in Eilendorf auf dem Schutterhofweg. Die Polizei nahm die Fahndung auf und traf die Truppe an. Sichtlich entspannt standen die Schweine im Bach und ließen es sich gut gehen.

Der Bauer wurde ermittelt. Er kümmert sich um die ausgebüxten Tiere, deren Elektrolythaushalt in Schieflage geraten zu sein scheint.

Sind ja auch nur Menschen …

Kapitel 4: Sex

Sex, je nach hormonellem Schub bzw. Dosierung,
verändert das Verhalten des Menschen, ob Frau oder Mann,
erheblich und polizeilich gesehen, meist nachhaltig.
Die Beamtinnen und Beamten können ein tagtägliches Lied
davon singen. In Kombination mit Alkohol und Drogen
erschwert ihr Zusammenspiel den Zugang zum polizeilichen
Gegenüber enorm, ja machen ihn oftmals nahezu unmöglich.
Die Erfahrung zeigt, dass Sachverhalte um den Sex herum
schwierig aufzuklären sind.
Wie nachfolgender Einsatz deutlich aufzeigt.

Wollen und Können ist ein Unterschied

Aachen – Einsatz in Aachens Sträßchen am Abend. Ein Freier rief die Polizei. Er hatte bei einer Dame 300 Euro bezahlt.

Nun wolle sie gleich zwei Mal nicht mehr. Einmal keine Leistung erbringen und zum anderen sein Geld nicht mehr herausgeben.

Die Sachlage stellte sich vor Ort dann kontrovers dar. Sie wolle zwar, aber er könne nicht, so die Dame. Er wiederum: er könne, aber sie wolle nicht. Zum Schluss wollten beide nicht mehr. Es erfolgte der Hinweis auf den Rechtsweg. Mehr war beim besten Willen nicht drin.

**Nachfolgende Pressemeldung in Gedichtform
bedarf einer kurzen Erläuterung:**

Aktuell gab es zu diesem Zeitpunkt eine Erpressermasche in der Region. Es geht um Cybersex. Kurzum: Unbekannte Frau »überredet« Mann bei Skype sich auszuziehen und sexuelle Handlungen an sich vorzunehmen. Er macht das. Sie filmt ihn dabei unbemerkt und erpresst ihn wenig später damit.

Zahlt er nicht, gelangt er mit Facebook-Profil auf Pornoseiten. Also Warnung an alle! Die Gedichtform habe ich bewusst gewählt, um per soziale Medien einen größeren Verbreitungsgrad zu erreichen. Dies gelang.

Die Erpressung

Es war einmal ein Weib,
das zeigte seinen Unterleib -
bei Skype.

Ein Mann hatte dies gesehen,
schon war's um ihn gescheh'n.

Er tat es ähnlich,
fand's gar nicht dämlich.

Kriminell und voll bedacht
hat die Dame Fotos gemacht.
Vom Unterleib des Herrn,
der sieht das gar nicht gern.
Soll dies nun aus der Welt,
muss er zahlen Geld.

Bezahlt er dieses nicht,
sieht man nicht nur sein Gesicht

Im Internet, so drohte sie
gäb's dann eine Galerie

Klar, ihm war's nicht einerlei
drum ging er flugs zur Polizei.
Nach dem Weib wird nun gefahndet,
und die Tat dann auch geahndet.

Denn zig Fälle gab's die Tage,
stellt man sich nun die Frage,
wo war nur der Verstand,
das lag wohl auf der Hand.

Nun wird gewarnt vor dieser Masche,
sie bringt nur Geld in Täters Tasche.

Auf der Reeperbahn übers Ohr gehauen und in Alsdorf zur Besinnung gekommen

Alsdorf – Dem Anzeigentext zu einer Betrugsanzeige ist nichts mehr hinzuzufügen: »Der nach eigenen Angaben volltrunkene 26-jährige Geschädigte ließ sich auf der Reeperbahn mit zwei dort schwer arbeitenden Damen ein und folgte ihnen freiwillig in ihre Gemächer.

Die beiden Damen nutzten alsdann die EC-Karte des Geschädigten (GS) um unbemerkt Bewegung nicht nur in dessen Konto zu bringen. Sie nannten danach 800 muntere Euro ihr Eigen und steckten dem GS unbemerkt das Kärtchen zu.«

Vom Ausflug zurückgekehrt stellte der GS bei Durchsicht seiner Kontoauszüge die illegale Abbuchung fest.

Die Damen konnten nur vage beschrieben werden.

Beziehungsdreieck verlangt nach Polizei

Würselen – Heimliche Beziehungen haben oft ihre Tücken. Eine solche rief jetzt in Würselen die Polizei auf den Plan.

Zwei Frauen hatten sich dort in einer Wohnung handfest so richtig in die Haare bekommen. Es folgten Schlagen, Kratzen und Treten. Beide Frauen verletzten sich bei der Auseinandersetzung. Da eine von ihnen schwanger war, kam sie mit einem Rettungswagen in ein Krankenhaus.

Ausschlaggebend für den Vorfall ist das Beziehungsdreieck der drei Beschuldigten (BES). Der Beschuldigte A. (Anmerkung des Verfassers: Buchstaben sind wahllos zugeteilt) ist verheiratet mit der Beschuldigten B. und bewohnt mit dieser und zwei gemeinsamen Kindern die Wohnung. Zudem pflegt er seit einigen Monaten eine Beziehung mit der Beschuldigten C.

Diese ist mit einem gemeinsamen Kind schwanger und bringt zudem drei Kinder aus einer Vorbeziehung mit. Die Beschuldigte C. und die Beschuldigte B. wissen nicht voneinander und glauben, sie seien jeweils die einzige Frau des Beschuldigten A.

Bis dieser Tage.

Aufgrund fehlerhaften Zeitmanagements kam es zu jenem Aufeinandertreffen beider Familienteile. Dabei hatte A. nur einen kurzen Moment seine Wohnung verlassen, in der sich Familienteil B. aufhielt.

Völlig unverhofft tauchte dann die Beschuldigte C. auf. Alles andere ist bekannt.

Am Ende des Einsatzes die Bemerkung der Polizisten, dass eine genaue Rekonstruktion der Ereignisse vor Ort nicht möglich war. Die Beschuldigten A., B. und C. gaben an, sich lediglich verteidigt zu haben. Die Kinder blieben unversehrt …

Raub und Körperverletzung im Bordell

Aachen – Eine Angestellte im Aachener Bordell in der Antoniusstraße ist von einem Gast geschlagen und um den Liebeslohn beraubt worden.

Hintergrund der Tat scheint die unterschiedliche Auslegung der Geschäftsbedingungen zwischen der Dame und dem Kunden gewesen zu sein. So hatte der Freier 30 Euro entrichtet, war aber davon ausgegangen, das Komfortpaket und nicht das Standardprogramm gebucht zu haben. Die Dame jedoch verweigerte weitere Leistungen.

So kam es zu Handgreiflichkeiten, in deren Verlauf der Bordellkunde der Dame »sein« Geld raubte und flüchtete. Eine Fahndung nach dem Mann wurde ergebnislos abgebrochen.

Klare Angaben sind immer gut

Aachen – Klare Angaben zu Ort und Zeit sind im Zuge von polizeilichen Ermittlungen immer von Vorteil und verbessern die Chance, dass die Straftat aufgeklärt wird.

Exemplarisch hierzu der Fall eines Mannes aus der Städteregion, der nachts den Dienst einer Dame in der Antoniusstraße (Anmerkung: Bordellstraße in Aachen) in Anspruch genommen hatte. Zu Hause angekommen bemerkte er den Verlust seines Portemonnaies mitsamt dem Restgeld, Führerschein, Ausweis und allem Pipapo.

Auf die Frage des Ermittlers, ob er genau sagen könne, wo und vor allem mit wem er die Zeit in dem Etablissements verbracht habe, dessen punktgenaue Antwort:

»Wenn se vom Rathaus kommen et siebte oder achte Fenster.«
Auf die Frage des Ermittlers links oder rechts: »Ich glaube links«.
»Oben oder unten?« »Ich glaube unten.«
Angaben zur Frau? »Etwa so 28 Jahre …«

Es gab schon einmal wesentlich bessere Ermittlungsansätze …

Liebhaber setzte Notruf aus dem Kleiderschrank ab

Aachen – Wie im Theaterstück: Einen Liebhaber musste die Aachener Polizei aus einem Kleiderschrank befreien.

Nach einer gemeinsamen Nacht mit seiner Freundin hatte der aktuelle Lebensgefährte in dem Möbelstück kurzerhand Zuflucht gesucht. Vor der Tür stand nämlich der Ex der Frau. Der hatte offenbar noch eine Rechnung offen mit seinem Nachfolger.

Der durchaus kräftige Mann hatte vehement an der Wohnungstüre gehämmert und mit dem Zuruf »Komm raus, ich mach dich kalt« keinen Zweifel an seinen Absichten aufkommen lassen.

Sein Nachfolger in der Beziehung sah keinen anderen Ausweg, als in den vermeintlich sicheren Kleiderschrank zu flüchten und flüsternd per Notruf die Polizei zu alarmieren. Die hatte zunächst ihre lieben Probleme ob der Ernsthaftigkeit des Anrufs. Hörte aber dann das Spektakel im Hintergrund.

Mit gleich zwei Streifenwagen rückten die Ordnungshüter an. Als sie vor besagter Wohnungstür keinen Aggressor mehr vorfanden, forderten sie per Handy den verängstigten Mann auf, aus seinem Unterschlupf zu kommen, die Luft sei rein.

Schließlich geleiteten sie ihn in die Freiheit. Er hatte offenkundig seine Freude daran verloren, weiter im Schrank zu hocken.

Einen eher entspannten Eindruck machte indes die Lebensgefährtin. Ihre Aufgabe beschränkte sich nunmehr auf das Aufräumen des Kleiderschranks.

Chatpartnerin versank in der Badewanne - Polizei um Hilfe gebeten

Aachen / Bayern – Weil sie dachte, ihrer Chatpartnerin sei etwas zugestoßen, hat sich eine junge Frau aus Aachen Hilfe suchend an die Polizei gewandt.

Innerhalb einer Kontaktbörse hatten die Aachenerin und ihre Auserwählte in Bayern per Livecamera gechattet. Im Zuge des feucht-fröhlichen Austausches von Lieblichkeiten via Bildschirm sei die Dame aus Bayern dann in der Badewanne untergetaucht und habe keinen Mucks mehr von sicht gegeben. Da nicht zu erkennen war, ob Wasser in der Wanne war, vermutete die Partnerin Lebensgefahr und rief die Polizei.

Eine Anschlussüberprüfung ergab eine Teilnehmerin in Bayern. Die dortige Polizei suchte die Dame auf und gab wenig später Entwarnung. »Die Liebesperle sei in der leeren Badewanne offenbar alkoholisiert eingeschlafen und sei den Umständen entsprechend wohlauf«, so die Rückmeldung aus Bayern.

Kapitel 5:
Alkohol und Drogen

Ein ähnliches Kapitel wie beim Sex – siehe oben.
Auf reichlich Alkoholkonsum treffen Polizisten sehr häufig bei
Einsätzen. Die Abklärung eines Sachverhaltes vor Ort gestaltet
sich dadurch oft sehr schwierig bis hin zu unmöglich.
Vor allem, wenn beim polizeilichen Gegenüber aufgrund des
genossenen Alkohols der Verlust der Muttersprache zu
beklagen ist und eine Verständigung vor Ort nicht
gewährleistet oder zumindest missverständlich ist.
Alkohol und Drogen machen nicht nur hemmungsloser, sondern
auch unvorsichtiger wie nachfolgendes Beispiel beweist.

Kurz und knapp:
Der Klopper des Tages

Aachen – Manchmal braucht es nur wenige Worte, um einen Sachverhalt kurz und knapp auf den Punkt zu bringen.

Beweis: Auszug aus einem Polizeiprotokoll von Mittwoch, 23. Mai 22:55 Uhr, Aachen, Jülicher Straße:

»Tatverdächtiger Autofahrer steht mit seinem Pkw an der Ampel Feldstraße und zündet sich einen dicken Joint an. Dabei übersieht er den neben ihm stehenden, silberblauen VW-Bus mit der Aufschrift POLIZEI ... Strafanzeige, Blutprobe, Sicherstellung Joint«.

Nach Kneipenbummel: Frau und Führerschein weg

Stolberg – Einen nächtlichen Kneipenbummel vom Wochenende wird ein 49-jähriger Stolberger in bleibender Erinnerung erhalten. Schließlich kam ihm zunächst die Frau, wenig später mindestens für ein halbes Jahr der Führerschein abhanden.

Der Mann war in der Nacht mit dem Auto zur Stolberger Wache gefahren, um seine Frau als vermisst melden. Mit ihr hatte er nämlich einen ausgiebigen Kneipenbummel gemacht. Da die 46-Jährige danach aber keine Lust mehr hatte oder halt nicht mehr konnte, zu Fuß nach Hause zu gehen, habe er sein Auto geholt. Als er seine Frau abholen wollte, sei sie nicht mehr am »Abstellort« gewesen. Nach umfangreicher und vergeblicher Suchfahrt durch die Innenstadt sei er dann zur Wache gekommen.

Ein dortiger Alkoholtest ergab einen Wert von über 1,7 Promille. Darauf hin wurde dem 49-Jährigen eine Blutprobe entnommen. Der Führerschein wurde einkassiert. Danach konnte der Mann nach Hause.

Den Weg vom »Abstellort« dorthin hatte die Ehefrau des Mannes bereits alleine gefunden. Sie gilt jedenfalls nicht mehr als vermisst.

Umtrunk von Vater und Söhnen artete aus

Alsdorf – Ein Gaststättenbesuch eines Vaters mit seinen erwachsenen Söhnen endete gestern Abend in einem familiären Fiasko.

Der Grund der »Feierlichkeiten« ist der Polizei bis heute nicht bekannt. Jedenfalls versammelte der 47-jährige Vater seine 23- und 25 Jahre alten Söhne um sich und lud sie ein, in einer Gaststätte zu feiern.

Dies tat man schließlich eifrig, unterstützt durch Alkoholkonsum. Schließlich beschloss man, den schönen Abend beim jüngsten Sohn gemütlich ausklingen zu lassen.

Alles andere als harmonisch ging es dann zu. Aus einem noch nicht bekannten Anlass bekamen sich Vater und Söhne in die Haare. Vater und ältester Sohn »verbrüderten« sich in ihren Handgreiflichkeiten gegen den Jüngsten. Schließlich warfen sie ihn durch eine geschlossene Glastüre. Dabei zog sich der 23-Jährige Schnittverletzungen an Armen und Beinen zu. Dennoch wehrte er sich und attackierte Vater und Sohn vehement. Seinem Bruder verpasste er eine aufgeplatzte Unterlippe.

Nachbarn hatten aufgrund des Krachs die Polizei alarmiert. Die traf die ehemals Verbündeten, Vater und ältesten Sohn, auf der Straße streitend an. Auch mit den Polizeibeamten ließen sich die Kontrahenten nun auf Auseinandersetzungen ein, die die Beamten jedoch mit körperlicher Gewalt beenden konnten.

Beide wurden in Gewahrsam genommen. Ein Arzt entnahm ihnen in der Wache Blutproben. Der verletzte jüngste Sohn weigerte sich, seine Schnittverletzungen ärztlich behandeln zu lassen.

Die Polizei hat gegen die Familienmitglieder ein Strafverfahren wegen Bedrohung, Körperverletzung, Beleidigung und Widerstand gegen Polizeibeamte eingeleitet.

Aachen – Wenn's Freibier gibt, gibt's Freibier und nicht Rum.

Diesen Grundsatz haben offenbar drei junge Leute bei einer so genannten Freibierfete in einer Aachener Gaststätte missverstanden.

Die Polizei war gerufen worden, weil das junge Trio, 20 bis 22 Jahre alt, von einem Nachbartisch des Lokals eine Flasche Rum genommen und diese entleert hatte. Sie waren nach eigenen Angaben davon ausgegangen, alles trinken zu können, was herumsteht.

Auf den Irrtum hoheitlich aufmerksam gemacht, wollten sie den Schaden bezahlen. Die Eigentümerinnen des Rums, drei junge Frauen, zeigten sich rigoros und stellten Strafantrag.

Die Polizei: Das hätte man auch anders regeln können, zum Beispiel bei einem Glas (kostenlosem) Bier.

Traktorfahrer richtete Schaden an

Würselen – Ein Landwirt und sein Gefährt, eine landwirtschaftliche Zugmaschine – sprich Traktor – haben am Montagnachmittag im Bereich des Würselener Krankenhauses ihre Spuren hinterlassen.

Alkohol am Traktorsteuer scheint dabei keine unerhebliche Rolle gespielt zu haben. Jedenfalls wurde dem Landwirt eine Blutprobe entnommen – nach der Bestandsaufnahme durch die alarmierte Polizei:

Die da lautet: Beim Abbiegen in die Einfahrt ins medizinische Zentrum durchbrach der Traktor mit halbhoher Schaufel mit Zinken die Zufahrtsschranke. Anschließend überquerte er die bauliche Trennung zwischen Zufahrt und Parkplatz. Dabei zerstörte er das Blumenbeet und einen Pfahl.

»Danach suchte der Fahrer das Krankenhaus zwecks Patientenbesuches auf«, so das Polizeiprotokoll.

Gegen den Traktorfahrer wurde ein Strafverfahren eingeleitet. Der Führerschein wurde ihm abgenommen.

Kapitel 6: Irrtümer

Es gibt sie immer. Die Irrtümer im Leben.
Manche bereut man, andere lässt man so stehen wie sie sind.
Oder macht das Beste draus und arrangiert sich.
Auch bei der Polizei gibt es Irrtümer.
Sie dringen meist nicht so nach außen, und wenn,
dann haben sie einen ähnlichen Grund oder Verlauf
wie die nachfolgenden Begebenheiten.

Brotbestellung landete bei der Polizei

Tischreservierung für sechs Personen scheiterte an talentiertem Koch

Aachen / Würselen – Dass viele Aachener Bürger heute Morgen ihre geliebten Brötchen und Brotsorten auf dem Tisch haben, haben sie auch ein wenig dem Freund und Helfer, ihrer Polizei, zu verdanken.

Bei den Damen und Herren der Leitstelle »Robert« war gestern nämlich ein ungewöhnliches Fax eingegangen. Tabellarisch waren dort unzählige Brotsorten und dahinter Zahlen aufgeführt

Zunächst konnten die Beamten mit der Auflistung von
Vollkorntoast...........................3
Bauernschnitten.......................2
Mürbestutzen 1
Feinkost Vollkorn 4
Leinsamen...............................2
Erntekrone...............................2
und Roggenkrone....................2
usw. wenig anfangen.

Bei Ermittlungen stellte sich heraus, dass eine Aachener Bäckereifiliale die Tagesbestellung nicht zum Großbäcker in Würselen, sondern irrtümlich an die Polizei gefaxt hatte.

Wär' also nix gewesen heute mit leckeren Bäckereien.

Die Polizisten leiteten das Fax daher kurzerhand an die richtige Stelle, zum Großbäcker.

Es kommt schon mal öfters vor, dass bei der Leitstelle ungewöhnliche Anliegen eingehen. Neulich hatte eine ältere Dame bei den Damen und Herren in der Leitstelle einen Tisch für sechs Personen bestellt. Das Abendessen platzte, weil unter den Kollegen kein passabler Koch zugegen war.

DNA-Probe mit den richtigen Backen

Aachen – Ein böser Brief flatterte jetzt in Aachens Polizeipräsidium. Ein Mann, der per Gericht verdonnert worden war, eine DNA-Probe bei der Kripo abzugeben, schilderte darin seine grundsätzlich, jedoch missmutige und auch fragwürdige Bereitschaft.

So schrieb er, dass er vorbeikomme und »für den DNA-Abstrich beide Backen hinhalte werde, damit sie (die Kollegin) ihren Job machen könne.«

Die Kollegin hat nun die nicht abwegige Befürchtung, der Mann, anscheinend mit dem Prozedere nicht vollends vertraut, halte die falschen Backen hin. Die süffisante Antwort der Kollegen, DNA sei DNA, konnte sie nicht wirklich beruhigen …

Störungen im Mobilfunknetz sorgten am Freitag für ein Durcheinander

Aachen – Erhebliche Störungen im Netz eines Mobilfunkbetreibers haben am Freitagnachmittag für ein Durcheinander gesorgt.

Vor allem Fehlschaltungen bzw. Fehlverbindungen sorgten bei vielen Gesprächsteilnehmern für Verwirrung. Auch bei der Polizei.

»Hier ist die Leitstelle der Polizei Aachen«, hörte mancher Anrufer nachdem er eigentlich mit dem Handy die Nummer der Liebsten, des Freundes, der Mutter, des Vaters oder sonst wem gewählt hatte.

Von erschrocken bis irritiert reagierten die Fehlgeleiteten. Meist dachten sie, es sei etwas passiert oder der gewünschte Gesprächsteilnehmer befände sich derzeit gar in der Obhut der Polizei.

Nach einer Zeit kehrte Routine bei den Beamten ein und sie änderten ihre Begrüßungsansage entsprechend: »Auch wenn Sie vielleicht anders gewählt haben, sind Sie nicht überrascht, Sie wurden fehlgeleitet – hier ist Ihre Aachener Polizei.«

Meist zeigten sich die Anrufer verständnisvoll bis erheitert. Wenngleich es oftmals länger dauerte, weil zum Beispiel der Marcel nicht verstand, warum Sabrina ihre Gespräche zur Polizei umleitet oder die Lucia gar vermutete, Bruno habe ihr nicht die ganze Wahrheit ihrer Beziehung offenbart.

Am Abend war der Spuk zu Ende. Das Unternehmen hatte mitgeteilt, dass die Fehlerquelle behoben sei.

Kleine Anmerkung: Um weitere Irritationen auszuschließen, sind die Namen aus datenschutzrechtlichen Gründen geändert.

Über die »110« Tisch bestellt

Aachen – Dass die Polizei nicht alle Wünsche erfüllen kann, musste heute Morgen einer offenbar älteren Dame mitgeteilt werden, die über den Notruf »110« ins Präsidium gelangte.

Die Dame stellte sich kurz vor um bat um Reservierung eines Tisches für vier Personen. Ab 18.00 Uhr. Auf die Antwort, dass sie mit der Polizei, dem Notruf verbunden sei, gab sie zu verstehen, genau diese Nummer habe sie gewählt. Sie bestand nett auf eine Reservierung. Der Beamte schilderte, dass er gerne und des Öfteren für seine Familie koche. Auch mit ansprechendem Erfolg. Für Gäste im Polizeipräsidium habe er jedoch noch nie Essen zubereitet.

Da sie ihre Fehlbuchung nun erkannt hatte, nahm die nette Dame die Reservierung zurück und legte auf.

Nichtsdestotrotz aus dem Präsidium die besten Wünsche und einen guten Appetit.

Telefon-Fehlschaltung: Kundenhotline landete im Aachener Präsidium

Aachen – Die »110« steht für Notruf. Nicht immer. Das erfuhren am Freitag Kunden, die die Telefonnummer der Hotline eines Aachener Softwareunternehmens wählten.

Am anderen Ende der Leitung saßen dann wider Erwarten nicht Computerspezialisten, sondern bestens ausgebildete Polizisten.

Und die wunderten sich zwar über die unterschiedlichsten Fragen wie: »Wann wird geliefert? Oder: »Sind beide Systeme kompatibel?« Oder etwa: »Kann ich A mit B und C verbinden?«

Mit stoischer Ruhe und freundlichst aufgesetzter Telefonstimme versuchten die Beamten, den Menschen am anderen Ende der Leitung mitzuteilen, dass sie – wenngleich auch aus Versehen – bei der Polizei gelandet seien. Manch einer der Kunden nahm dies mit weit weniger Humor und sah sich derweil sogar karnevalistisch verulkt.

Beim Selbstversuch wurde die Fehlschaltung dann deutlich. Wählte Kollege Uli B. (Name nicht geändert) die Nummer des Softwarehauses, dröhnte gleich neben ihm der Notruf »110«. Man teilte diesen Umstand den Fernmeldetechnikern mit. Diese urteilten mit rheinländischer Verlässlichkeit: »Jibbet nit!« – »Man kann nicht auf die »110« umleiten. Schluss!«

Dass man das doch kann, wissen seit spätestens Freitag nicht nur die Kunden des Softwarehauses – sondern auch die Techniker.

Die Beamten waren bemüht, nahtlos in die Rolle der Kundenhotline zu schlüpfen und Auskünfte nach bestem Wissen und Gewissen zu geben. Auch in mitunter privat vorgetragenen Angelegenheiten, die selbstverständlich der hiermit zugesicherten Geheimhaltung und Vertraulichkeit unterliegen.

Sollte dennoch etwas schiefgehen, müssen wir jegliche Gewährleistung verweigern.

Alaaf!

Kapitel 7: Menschliches Mit- und Gegeneinander

Vielfach gibt es Einsätze, die Betroffenheit auslösen ob der
Umstände, die die Beamtinnen und Beamten vorfinden.
Sehr oft liegen hier Freud und Leid nicht weit auseinander.
Und doch gibt es wieder Momente im täglichen Streifendienst,
die ein Schmunzeln hervorrufen.
Über Dinge, wo man schon mal sagt, dass dies gar nicht sein
kann und man wähnt sich in einem Film.
Bemerkenswert, dass sich die Einsatzanlässe über sämtliche
soziale Schichten erstrecken.
Ob einfacher Arbeiter oder Rechtsanwalt oder Arzt,
alle können zu richtigen Streithähnen mutieren.
So beim nachfolgenden Sachverhalt.

Akademischer Streit auf offener Straße

Aachen – Zwei Akademiker, ein praktizierender Arzt und ein Rechtsanwalt, sind am Dienstag auf offener Straße zu Streithähnen mutiert. Vor einem erstaunten Publikum auf der Trierer Straße. Die Beteiligten trugen leichte Verletzungen davon.

Beide waren als Autofahrer unterwegs und fuhren hintereinander. Der vordere, in diesem Fall der Rechtsanwalt, bremste ab, weil er rechts abbiegen wollte. Dieser Vorgang dauerte dem Nachfolgenden, dem Arzt, offenbar zu lange. Jedenfalls soll der dann nach Zeugenangaben zunächst gehupt und dann versucht haben, an dem Vordermann vorbeizufahren. Der betitelte diesen dann bei heruntergelassenem Fenster als Idiot. Ferner soll der Po in seiner abfälligsten Formulierungsform erwähnt worden sein.

Diese offen vorgetragene Art der geringen Wertschätzung veranlasste beide, das sichere Gefährt zu verlassen und nunmehr die körperliche Auseinandersetzung – auf offener Straße – zu suchen. So kam es zunächst zu einem eher folgenlosen Gerangel, später zog einer dem anderen an der Krawatte, was ein Zu-Boden-gehen zur Folge hatte. Die letzte Runde wurde eingeläutet, als einer der Kontrahenten hinter der kleinen Mauer eines benachbarten Grundstückes landete.

Crux des Sachverhaltes: Der Rechtsanwalt klagte über Schmerzen im Nacken. Er will selbstständig einen Arzt aufsuchen. Der Arzt wiederum erlitt Schürfwunden. Er wird einen Rechtsanwalt einschalten.

Handy blieb an –
Polizei hörte Beleidigungen mit

Aachen – Weil ein Hilfesuchender nach seinem Telefonat mit der Leitstelle der Polizei aus Versehen sein Handy anließ, wurden die Beamten Zeugen einer Schimpfkanonade der übelsten Sorte.

Zunächst hatte sich der Mann aus Eilendorf über »110« an die Polizei gewandt. Höflich und in feinem Hochdeutsch schilderte er, dass ein anderer Autofahrer seine Garage zugeparkt habe. Man möge bitte so nett sein, und einen Streifenwagen vorbeischicken.

Das Telefonat war noch nicht beendet, der Beamte hatte noch Fragen zu der Örtlichkeit, schickte sich der Hilfesuchende an, seine Contenance zu verlieren. Grund: Der Autofahrer, der die Garage zugeparkt hatte, war offenbar am Tatort erschienen.

Irrtümlich davon ausgehend, sein Handy ausgeschaltet und die Leitung zur Polizei unterbrochen zu haben, folgte sogleich die wenig freundliche Begrüßung des Parksünders: »Aha, Du bist der Penner, der hier das Auto abgestellt hat!?« Aus dem hochdeutsch wurde fortan Öcher Platt; Höflichkeit wurde abgelegt.

Im weiteren Verlauf des etwa zweiminütigen Monologes fand das männliche Geschlechtsteil in seiner umgangssprachlichen Ausführung mehrfach Erwähnung. Dicht gefolgt von der derben Abwandlung des Gesäßes. Der Falschparker war in dem Telefonat nicht wahrzunehmen. Im Hintergrund der fortwährenden Beschimpfungen hörten die Leitstellenbeamten nur noch ein Autotüre, einen startenden Motor und einen wegfahrenden Wagen.

Von da an wurde die Leitung unterbrochen. Tatort, Täter – alles unbekannt. Hängen blieb nur, wie der »feine Aachener« auch schnell zum »fiesen Öcher« mutieren kann.

Vermeintlich hilflose Person war ein wartender Ehemann

Aachen – Eine mitunter mit Vorurteilen behaftete Rollenverteilung zwischen Mann und Frau sorgte für einen Polizeieinsatz am Dienstagnachmittag. »Ein älterer Herr liegt regungslos auf einer Bank in der Fußgängerzone«, so mehrere besorgte Anrufer. Das schwül-warme Wetter ließ nichts Gutes befürchten.

Die Polizisten nahmen sich der Sache an und trafen in der belebten Fußgängerzone tatsächlich auf die beschriebene Situation.

Dass bei dem älteren Herrn ein leichtes Schnarchen wahrgenommen werden konnte, entspannte die Situation. Als der Senior sich nach vorsichtiger Ansprache gar erhob und den Beamten Rede und Antwort stand, folgte gar die vollständige Erleichterung.

Im kurzen Abschlussprotokoll heißt es hierzu: »Der Person geht es gut. Sie ruht sich aus. Die Frau ist einkaufen ...«

Menschliches Miteinander beim Tanken

Aachen – Gefährliche Körperverletzung, Nötigung, Beleidigung, Sachbeschädigung und ein voller Benzintank sind das Ergebnis eines seltsamen Vorgangs an einer Tankstelle in der Habsburgerallee, der wahrscheinlich erst in einem Gerichtssaal seinen Abschluss finden wird.

Ein 25-jähriger Pkw-Fahrer hatte vollgetankt und ging anschließend zum Bezahlen in den Kassenraum. Seine Lebensgefährtin ließ er im Auto wartend zurück. Nicht zu beanstanden dieses Verhalten. Denkste.

Einem 57-jährigen Autofahrer, der genau hinter diesem bereits vollgetankten Wagen stand, dauerte das alles zu lange. Er forderte die Beifahrerin auf, sofort das Auto vorzufahren. Die, zwar erschrocken über den misslungenen Ton, zeigte zwar Bereitwilligkeit. Mangels Autoschlüssel jedoch auch ihre Unzuständigkeit.

Darauf aufmerksam geworden, kam der Lebensgefährte zu seinem Auto zurück und zeigte, so der Ungehaltene, dem Kontrahenten unvermittelt den Mittelfinger. Dieses sichtbare Zeichen der geringen Wertschätzung löste wiederum bei dem eine Kettenreaktion aus. Dies in Form des wilden Tretens gegen das Auto des Pärchens.

Ein gewaltsames Türöffnen misslang, da sämtliche Türen zwischenzeitlich verriegelt waren. Bis auf den Kofferraum. Den konnte der Renitente zwar öffnen, ein Hineinklettern in den Innenraum des Autos scheiterte jedoch. Immerhin konnte er daraus einen Schraubenschlüssel entnehmen. Damit schlug er nun auf das Auto und die Scheiben ein. Mit den Füßen trat er weiter gegen das Fahrzeug. Mittlerweile dazugeeilte Kunden konnten das Szenario beenden und den Mann überwältigen.

Insgesamt notierten die alarmierten Polizeibeamten acht Zeugenaussagen, um den eigentlichen Auslöser dieses Sachverhaltes festzumachen. Vergeblich. Vor Gericht wird man sich wiedersehen.

In einem Kultur- und Sportverein ging's hoch her

Alsdorf – Als es mit der Kultur nicht klappte, wurde man sportlich aktiv und schlug sich. Das Ganze in einem Alsdorfer Kultur- und Sportverein.

Jetzt liegt gegen ein führendes Vereinsmitglied eine Strafanzeige wegen Körperverletzung vor. Die Polizei ermittelt.

In dem Vereinslokal hatte es zunächst zwischen zwei gestandenen Männern einen verbalen Streit gegeben. Ein Unbeteiligter versuchte, den Streit zu schlichten. Aber wie so oft, war er selbst schnell das Opfer von Drohungen und Beschimpfungen. Aber der junge Mann bekam noch die Kurve und ging nach Hause.

Objektiv gesehen nicht gut, dass er Stunden später das Lokal wieder aufsuchte, um die Sache noch einmal zu bereden. Der zwischenzeitlich tagende Gesamtvorstand war ihm bei seinem Erscheinen nicht gut gesonnen und wollte offenbar schon gar nicht reden. Ein Vereinsmitglied schrie ihn nach eigenen Angaben gleich an und packte ihn zum Rausschmiss aus dem Lokal am Arm.

Um sich zu wehren, ergriff der Renitente die Jacke seines Opfers und schleuderte den jungen Mann ca. zwei bis drei Meter über einen Tisch. Dabei verletzte sich der 21-jährige Mann aus Alsdorf so, dass er einen Arzt aufsuchen musste.

Eine durch die Polizei freundschaftlich ins Auge gefasste Vermittlung scheiterte.

So kann's kommen, wenn Kultur und Sport so eng beieinanderliegen.

Gast aus misslicher Lage befreit

Aachen – Sachen gibt's … Per Handy setzte heute Mittag ein Gast eines Aachener Restaurants einen Notruf über »110« ab.

Er sei gerade auf einer Toilette in einem Lokal in der xy-Straße. Er musste mal. Als er in der Toilette war, habe er die Türklinke plötzlich in der Hand gehabt. Er käme nicht mehr raus. Sein Klopfen und Rufen blieben unerhört. Er bat um Befreiung.

Da Beamte zunächst einmal misstrauisch sind, erfolgte ein Rückruf auf die Handynummer. Der Teilnehmer meldete sich wieder, machte seine Situation jetzt noch dringender. Also stimmte alles.

Über die Gelben Seiten konnten zwei infrage kommende Lokale ermittelt werden. In einem Telefonat gab eine Wirtin den Beamten gegenüber an, ein Gast sei tatsächlich »schon etwas überfällig«.

Schließlich schaute sie nach, befreite den leicht gestressten Mann und quittierte den Beamten am anderen Ende der Leitung die Befreiung ihres Gastes.

(Die Daten dieses Berichtes entstammen einem Polizeiprotokoll. Nicht aus dem Drehbuch eines Werbespots für Handy-Provider).

Kapitel 8:
Ohne Worte

Es gibt Sachverhalte,
da sagt man am besten nicht viel zu.
So halte ich es dann auch.
Bitte lesen.

Der Schnitzelraub von Aachen

Aachen – Als nahezu bühnenreif entpuppte sich gestern Abend eine Begebenheit in einem Restaurant in Aachens Süden.

Wie allabendlich brachte auch gestern der Haus- und Hoflieferant feinste Ware, Steaks und Schnitzel, in die Küche des Gasthauses.

Alsdann sollte die Rechnung der Lieferung vom Vortage in Höhe von 400 Euro beglichen werden. Da Bares nicht gleich griffbereit war, wurde der Lieferant »auf ein Wiederkommen« vertröstet.

Da diese Lösungsmöglichkeit jedoch nicht angenommen wurde, erfolgte ein lautstarker Disput in der Küche, den selbst die Gäste im Restaurant gebannt verfolgen konnten. Schließlich, unter lautstarkem Getöse, sammelte der Warenlieferant sämtliche Fleischstücke ein, auch jene, die sich gerade in der Zubereitungsphase, etwa in der Pfanne oder Marinade befanden.

Sein kaufmännischer Überschlag ergab jedoch, dass der finanzielle Ausgleich noch nicht annähernd herbeigeführt war. Folglich der Gang in die Gaststube. Hier nahm er den verdutzten bis erschrockenen Gästen – Augenzeugen berichten von ca. 20 – die Fleischstücke vom Teller, schmiss sie in eine Kiste und eilte von dannen.

Zurück blieben ein erstauntes, auf nunmehr vegetarische Kost umgestiegenes Publikum und ein verdatterter Gastwirt.

Betrugsanzeige wegen ausgefallenem Cellulite-Kurs

Aachen – Eine hart mit ihrem Äußeren ins Gericht gehende Dame mittleren Alters hat jetzt eine Anzeige wegen Betruges bei der Polizei erstattet.

Sie hatte an ihrem Körper eine beginnende bis fortgeschrittene Cellulite festgestellt und sich aufgrund einer Zeitungsannonce zu einem Anti-Cellulite-Kurs angemeldet.

Bei der entsprechenden Vertragsunterzeichnung stellten sich die Kursleiter zugleich auch als Referenten vor. Kurz vor Kursbeginn dann die überraschende Absage.

Im Grunde eigentlich nicht so tragisch, wenn die Kursgebühr von 135 Euro rückerstattet worden wäre. Trotz mehrfacher Aufforderung meldeten sich die angeblichen Kursleiter jedoch nicht. Ein Anruf auf die im Vertrag angegebene Telefonnummer verlief im Sande. Hier meldeten sich völlig ahnungslose Menschen, die weder mit Kursen noch mit Cellulite etwas anzufangen wussten.

Die Regierung ist unschuldig

Aachen – Völlig missverstanden haben muss ein Mann seinen Aufenthalt im Arbeitsamt.

Vor allem den Passus aus dem Hartz-Konzept zur »Förderung der Aufnahme einer selbstständigen Tätigkeit« hat er fehlinterpretiert.

Mitarbeiter des Amtes bemerkten, wie der Mann in einer Teeküche an einem Warmwasser-Untertischgerät werkelte und versuchte, das Wasserrohr zu durchtrennen.

Als wenig später auffiel, dass aus der Besuchertoilette im ersten Stock sowohl der Spiegel als auch die Toilettenpapierhalterung fehlten, schwante den Mitarbeitern Böses.

Ein Nachfrage beim Hausmeister bestätigte die Befürchtung: keine Wartungsarbeiten derzeit. Das war es aber schon zu spät, der Jobber war da schon längst über alle Berge.

Seine Fehlleistung der Regierung und dem Konzept gegen die Arbeitslosigkeit zuzuschreiben, wäre vermessen.

Das Alter und die Augen

Aachen – »Na klar, cirka 20 Jahre alt, vielleicht 18 bis 25 Jahre, eventuell auch jünger. Und braune Augen, definitiv braune Augen«, so die Antwort einer Zeugin auf die Frage der Polizei, ob sie den Täter genau beschreiben kann.

Auf die Frage, ob sie die Person wiedererkennen würde: »Nein!« Schade.

Eheleute werden immer jünger

Aachen – Ein Ehemann hat jetzt bei der Polizei Anzeige wegen eines Fahrraddiebstahls erstattet. Seiner Gattin hatte man das Fahrrad entwendet. Lesenswert das hierzu aufgenommene Protokoll:

»Vor einigen Wochen stellte der Anzeigenerstatter das Kinderfahrrad seiner Frau abgeschlossen unter die Kellertreppe. Als er nun in den Keller ging, musste er den Diebstahl feststellen.«

Offenbar widersetzt sich das Ehepaar dem allgemein herrschenden Trend einer späten Heirat.

Die Socken
und ihr Nässegrad

Aachen – Auch nicht alltäglich die Anzeige, die Beamte jetzt aufnahmen. Vor circa 14 Tagen hatte ein Mann in einem Spezialgeschäft für Socken und Unterwäsche mehrere Paar hochwertige Socken gekauft, zeigte sich aber mit der Ware unzufrieden.

Der Kunde im mittleren Alter beklagte einen zu geringen Baumwollanteil. Zum Beweis legte er ein Paar Socken auf die Ladentheke. Aber nicht das Etikett sollte als Indiz gelten, sondern der Nässegrad der bereits deutlich aufgetragenen Socken.

Das stank den Damen im Geschäft natürlich. Mit dem Ergebnis, getragene Ware sei vom Umtausch ausgeschlossen, verließ der Mann wutentbrannt den Laden. Seine Socken ließ er zurück.

Weil der Fall für den Kunden bei Weitem noch nicht abgeschlossen war, erkundigte er sich nahezu täglich nach dem Stand der Dinge – was sein Umtausch mache.

In stets wechselnder Besetzung immer die gleiche Antwort: Benutzte Ware ist vom Umtausch ausgeschlossen. Ferner legte man ihm sehr nahe, seine Socken, die in einem gut durchlüfteten Raum asserviert waren, bitte mitzunehmen.

Davon nahm er jedoch immer Abstand. Jetzt nun der letzte Akt. Als seine Umtauschwünsche wieder abgelehnt wurden, drehte der Mann sich um und riss wütend von einer Dekowand zwei Wäschesets – Unterhemden und Unterhosen. Eine Verkäuferin, die den Diebstahl verhindern wollte, schubste er rabiat zur Seite. Er konnte unerkannt entkommen.

Die Belegschaft des Geschäftes hat sich mittlerweile von dem Schrecken erholt. Sorgen bereitet den Damen lediglich der Gedanke, dass der Täter auch weitere Ware umtauscht, getragen versteht sich.

Nachts auf dem Friedhof Kies geklaut

Aachen – Die Preise für Baustoffe, hier insbesondere für Kies, müssen im Zeichen der Konjunktur merkbar angestiegen sein. Anders ist der Einsatz in der vergangenen Nacht, kurz nach 22 Uhr, auf dem Eilendorfer Friedhof nicht zu erklären.

Dort hatte ein Anwohner am Abend Geräusche gehört, wie sie beim Benutzen einer Schaufel entstehen. Und sie kamen eindeutig vom Friedhofsgelände. Mehr als ungewöhnlich zu dieser Zeit. Der Mann rief also die Polizei.

Die, durchaus von einer eventuellen Grabschändung ausgehend, schlich sich an und hatte gleich Verstärkung in Form von drei Diensthunden dabei. Die hoheitlichen Vierbeiner waren auch zur Ruhe verpflichtet worden. Als man schließlich bei schummrigem Licht die Geräuschquelle ausgemacht hatte, traf man auf einen Mann, der tatsächlich fleißig Kies schaufelte. Völlig überrascht ob des zahlreichen Gegenübers, stoppte er die Ladetätigkeit. Die Beamten stellten fest, dass der Mann aus Stolberg seinen kleinen Fiat im hinteren Bereich bereits bis zu den Kopfstützen vollgeschaufelt hatte. Zu guter Letzt wurde es nach Angaben des 45-jährigen Mannes allerdings immer schwieriger, weil die Ladung immer wieder hinunterrutschte.

Mitleid kannten die Beamten jedoch nicht. Sie ließen den Mann wieder ausladen – sprich ausschaufeln. Eine Streifenwagenbesatzung wartete, bis die Ladung wieder am rechtmäßigen Platz war. Sichtlich geplättet trat der Mann die Heimreise an. Gegen ihn wird nun wegen versuchtem Diebstahl ermittelt. Warum er den Kies stehlen wollte, kam bis zum Schluss nicht so richtig heraus.

Monteur trat die Haustüre ein

Würselen – Als Nutzer von Öl-, Gas- und Elektroheizungen schätzt man das Gefühl, die Geräte gut gewartet zu wissen. Kommt es dennoch einmal zu einer Störung, liegt die Telefonnummer des Bereitschaftsdienstes meist griffbereit. Ein Telefonat und fachmännische Hilfe ist unterwegs – meistens.

Ein wenig anders war es am Abend des glorreichen Polkalkampfs der Alemannia (Anmerkung des Verfassers: gegen Bayern München). Das Spiel hatte seinen Höhepunkt noch nicht erreicht, es stand noch unentschieden, da bemerkte eine Familie eine Störung an ihrer Heizung. Da das Problem mit eigenen handwerklichen Fähigkeiten nicht zu beheben war, folgte das Telefonat mit dem Bereitschaftsdienst. Der mit dem Firmenwagen angerückte Monteur hatte jedoch augenscheinlich nicht unerheblich dem Alkohol zugesprochen.

Einem Hinweis, dass man seine Dienste unter diesen Umständen nicht in Anspruch nehmen wolle, folgte das energische Schließen der Haustüre. Damit gab sich der einmal angerückte, vom Fernseher weggerissene Monteur aber nicht zufrieden.

Mit einem heftigen Tritt trat er kurzerhand die Haustüre ein und verschaffte sich so Eintritt. Das wiederum rief die alarmierte Polizei auf den Plan. Die nahm den Monteur mit zur Wache. Blutprobe und Abnahme des Führerscheins folgten. Schließlich nahmen die Beamten mit dem Bereitschaftsdienst Kontakt auf und baten, sowohl den Mitarbeiter als auch das Firmenfahrzeug abzuholen.

Dieser Auftrag wurde zügig und zur vollsten Zufriedenheit erledigt. Offen ist jetzt noch, ob neben der Therme auch die Haustüre repariert wurde.

Herrenlose Eier im Bus

Aachen – Die Aachener Polizei hat am Dienstagmorgen 180 Hühnereier in einem Linienbus sichergestellt. Die weißen und braunen Eier hatten offenbar herrenlos die Fahrt durch die Aachener Innenstadt bis in die Voreifel angetreten. Am Ende entpuppte sich dies als Eierdiebstahl.

Eigentlich war die Polizei an jenem Morgen vom Fahrer eines Linienbusses wegen eines sogenannten »Schwarzfahrers« nach Walheim gerufen worden. Gegen den nicht zahlenden Fahrgast wurde schließlich Strafanzeige erstattet. Als er und alle anderen Fahrgäste aus dem Bus gestiegen waren, verharrten auf einem Sitz fein gestapelt 180 rohe Hühnereier in den Schalenfarben braun und weiß. Von einem Besitzer weit und breit keine Spur. Da die Ware im polizeirechtlichen Sinne entweder als Fundsache oder als Diebesgut zu deklarieren war, wurde sie unter der Asservatennummer 1107/11 sichergestellt und mit zur Wache genommen.

Aufgrund eines firmen Beamten, der sich in EU-weiten produktbezogenen Kennzeichnungsvorschriften auskennt, konnte schließlich ein Betrieb in Hürtgenwald (Kreis Düren) als legender Stall ermittelt werden.

Die telefonischen Ermittlungen ergaben dann, dass die Eier vom Hühnerhof am Morgen nach Aachen zu einem Marktstandbetreiber ausgeliefert und dort abgestellt wurden. Einen unbeobachteten Moment muss dann der mutmaßliche Eierdieb zur Tat genutzt haben.

Es ist zu vermuten, dass der Eierdieb mitsamt der stoßempfindlichen Beute in den Bus stieg und auf einem Sitz abstellte. Kalte Füße bekam der Dieb dann offenbar, als die Polizei anrückte – eigentlich wegen des »Schwarzfahrers«.

Im Laufe des Tages konnte der rechtmäßige Besitzer die vormals herrenlosen Eier auf der Polizeiwache in Empfang nehmen. Hinweise auf den Eierdieb gibt es bislang nicht.

Eklig - Keine Bruderliebe

Monschau – Eine Anzeige wegen Körperverletzung hat ein 56-jähriger Mann gegen seinen 53-jährigen Bruder erstattet. Beide, im selben Haus wohnenden Männer, hatten sich aus noch nicht ermittelten Gründen in die Haare bekommen.

Offenbar scheuten sie jedoch den direkten körperlichen Vergleich und verzichteten auf eine Schlägerei. Umso abgründiger, was der 56-Jährige seinem Bruder nun vorwirft.

Er, der Anzeigenerstatter, habe am Samstagmorgen, so wie jeden Samstag, die angelieferten, frischen, warmen Brötchen ins Haus geholt. Beim gemeinsamen Frühstück mit seiner Frau und einem ersten herzhaften Biss habe er jedoch einen unsäglichen Geschmack festgestellt. Bei fachmännischer Inspektion und Zerlegung des Brötchens habe er festgestellt, dass offenbar unappetitliche Hinterlassenschaften den Hauptbestandteil des Lebensmittels bildeten. Nach anfänglichem Ekel haben er und seine Ehefrau sich entschlossen, zur Polizei zu gehen und Anzeige zu erstatten. Mit dabei, das Corpus Delicti, fein säuberlich eingepackt in Folie.

Die Beamten nahmen mit gerümpften Nasen die Anzeige auf, verzichteten jedoch auf die Sicherstellung der Tatwaffe. Aus hygienischen Gründen versteht sich.

Mann parkt falsch - Selbstjustiz in Gedichtform

Aachen –

Zur Wache kam ein Mann,
erbost gab er dort an,
sein Auto habe man beschmiert,
darüber sei er sehr pikiert

Mit Farbe sei's besprüht,
wo er doch stets bemüht,
die Vorschriften zu beachten,
die Menschen bisher so machten.

Kein Parkplatz war mehr frei,
drum war's ihm einerlei,
nur einmal falsch zu parken,
endet ja nicht gleich am Haken.

Unbekannte, die das gesehen,
machten daraus ein Geschehen,
sprühten Farbe auf's Gefährt.
Damit man(n) sich das auch merkt.

Bilder und Geschichte,
beschäftigen nun Gerichte.

Anmerkung: Es handelte sich um Sprühkreide. Die konnte problemlos abgewischt werden.

Wo bitte ist mein Knast?

Aachen – Mit einem ungewöhnlichen Anliegen kam jetzt ein junger Mann zur Polizei. Er erzählte den Beamten, dass er durch ein Amtsgericht im Frankenland zu einer Jugendarrest-Strafe, und zwar wegen einer Beleidigung, verurteilt worden sei. Er sei bereit, die Strafe anzutreten. Einziges Hindernis: Sein Hund habe die Ladung vollständig aufgefressen.

Jetzt wisse er weder ein Aktenzeichen noch den Ort, wo sich die Arrestanstalt befindet. Da die Beamten dem jungen Mann nicht nur mitmenschlich, sondern auch aus eigennützigen Motiven helfen wollten, folgten umfangreiche Ermittlungen. Letztendlich wurde man fündig.

Neben dem Aktenzeichen und der zuständigen Arrestanstalt im Bergischen wurde ihm eine geeignete Zugverbindung zur Anstalt genannt.

Der junge Mann zeigte sich erfreut. Die Polizei auch.

Anruf des Ohrstöpselflüsterers

Aachen – »Hier ist es so laut, dass ich meine eigenen Ohrstöpsel nicht mehr verstehe!«

Nächtlicher Anrufer bei der Leitstelle, der sich über die lautstarke Musik seines Nachbarn beschwerte.

Nackter Mann mit Rucksack in der Stadt unterwegs

Aachen – Ein nackter Mann mit Rucksack hat in der vergangenen Nacht in der Innenstadt für Aufsehen gesorgt und die Polizei auf den Plan gerufen.

Gleich mehrere Anwohner der Karmannstraße hatten kurz nach Mitternacht bei der Polizei angerufen und sich über das Auftreten des nackten Mannes beschwert. Als die Polizei anrückte, war der jedoch wie vom Erdboden verschwunden.

Etwa eine Stunde später tauchte der Wandersmann auf dem Annuntiatenbach auf. Die Polizisten zeigten dem Mann die Zielflagge, hüllten ihn in eine Decke und nahmen ihn mit.

Bis vor Kurzem hatte der 37-jährige Aachener wegen gleicher Delikte eine Haftstrafe verbüßt.

Wildschweinfütterung

Stolberg – Erschien ein Herr auf der Wache der Polizei und gab zu Protokoll, dass er morgens um halb fünf im Bereich Stolberg-Vicht mit dem Auto unterwegs war, um Wildschweine nach dem harten Winter wieder aufzupäppeln.

Hierzu hatte er alte Brotscheiben lose auf den Beifahrersitz gelegt. Auf offener Strecke am Waldrand, bei fast völliger Dunkelheit, habe er dann damit angefangen die Brotscheiben aus dem offenen Fenster zu werfen. Bei dem letzten Wurf habe er dann bemerkt, dass es sich offenbar nicht um eine Schnitte gehandelt haben muss. Da war es aber auch schon zu spät.

Offensichtlich hatte er sein Portemonnaie hinausgeworfen! Es half jedoch alles nichts. In der Finsternis war die Abwurfstelle nicht mehr zu erkennen.

Also ging er zur Polizei und bat um Rat, wie er wieder an seine Geldbörse komme. Die sichtlich um Haltung bemühten Beamten boten an, am helllichten Tage kurzfristig bei der Suche zu helfen. Dieses Angebot lehnte der Mann jedoch ab. Er hatte vielmehr daran gedacht, dass die Feuerwehr die Stelle bis zum Morgengrauen ausleuchten könne. Davon rieten die Ordnungshüter allerdings ab. Bislang ist nicht bekannt, ob der Mann sein Portemonnaie wiedergefunden hat.

Es ist aber bislang aber auch noch kein Wildschwein aufgetaucht, dass irgendwo bar oder mit Karte bezahlen wollte.

Erst auf die Beine, dann aufs Auge

Roetgen – Was zu weit geht, geht zu weit. Sagten sich zwei 22 und 23 Jahre alte Bekannte, nachdem sie sich gegenseitig in beiderseitigem Einvernehmen in der Wohnung des Älteren traktiert hatten, und riefen die Polizei.

Die hörte sich dann an, dass die zwei sich aus Jux und Dollerei gegenseitig mit einer Luftpistole abwechselnd auf die Waden geschossen hatten. Mit vollem Einverständnis. Bis einer Aua schrie.

Gepaart mit viel Alkohol hatten die zwei Spaß wie jeck. Erst als der 23-Jährige auf die Füße seines Kumpels schoss, beabsichtigt oder nicht sei dahingestellt, scheint die berauschende Wirkung des Alkohols nachgelassen und das Schmerzempfinden überhandgenommen zu haben. Jedenfalls sah sich der Jüngere veranlasst, allerdings nicht absprachegemäß, seinem Kontrahenten eine zu langen.

Der jedoch, ebenfalls sämtliche gehaltene Vereinbarungen brechend, platzierte einen unter den Umständen gezielten Faustschlag aufs Auge seines Kontrahenten. Letzteres schwoll darauf hin zur völligen Überraschung der Beteiligten an.

Die Polizei musste her. Die kam, sah, hörte und wunderte sich nur ... und nahm alles auf. Übrigens im Einvernehmen aller.

Stinkkäse stank gewaltig

Eschweiler – Für richtigen Ärger sorgte Sonntagmittag Stinkkäse in seiner übelsten Ausführung.

Eigentlich dafür ausgezeichnet, dass er auch hält, was er verspricht, hatte dieses auf dem Eschweiler Stadtfest erworbene Exemplar scheinbar alle Grenzwerte überschritten

Erbost über seinen Fehlkauf, suchte der Käufer aus Stolberg dann auch die dortige Polizeiwache auf. Ehrlich gesagt: sehr zum Leidwesen der dortigen Beamten. Denn den Geruchsbolzen platzierte der erzürnte Mann pratsch auf die Theke der Polizeiwache.

Um den Aufenthalt des Bürgers mit seinem Corpus Delicti nicht unnötig in die Länge zu ziehen, nahmen sich die Ordnungshüter auch kurzfristig des anrüchigen Falles an und ermittelten, dass das Haltbarkeitsdatum auf der Verpackung offenbar in betrügerischer Absicht mit einem neueren Datum überklebt worden war.

Das Verfallsdatum war schon so lange abgelaufen, dass der Käse schon selber lief ...

Alleine schon aus diesem Grunde verzichteten die Beamten auf eine Sicherstellung des Beweismittels. Die Wache erfuhr übrigens wenig später eine Gewaltlüftung. Was heißt: Alle Türen, Tore und Fenster wurden geöffnet. Gegen den Verkäufer wird nun ermittelt ...

Haariger Ermittlungsansatz

Aachen – Schwer werden die Ermittlungen nach einem Geschäftseinbruch in der Innenstadt werden.

Ein unbekannter Täter oder eine Täterin hat in der Nacht zu Donnerstag insgesamt 16 hochwertige Perücken im Wert von über 3000 Euro mitgehen lassen. Zunächst hatte der Einbrecher die Geschäftstür geknackt und sich anschließend im Verkaufsraum bedient.

Die Tatsache, dass sowohl Haarersatz für Sie als auch für Ihn gestohlen wurde, stellt eine besondere Herausforderung für die Ermittler dar. Von der Motivlage her, so der Blick in die Umgebung, kämen viele Männer, deren Haaransatz sich mehr oder weniger nach oben verschoben hat, für die Tat infrage. Aber ein Großteil dieser Menschen nimmt diesen kleinen Missstand in Kauf und trägt sein Leid mit Fassung.

Der Einbrecher sicherlich nicht. In dessen Eitelkeit wird der Ermittlungsansatz liegen.

Kapitel 9:
Von Gaunern und denen,
die es werden wollen

Gauner und deren Kolleginnen, die Gaunerinnen,
gibt es seit Menschengedenken. Dass Lug und Trug, Mord und
Totschlag herrschen, auch schon bevor es Aufzeichnungen
darüber gibt, hat uns auch das Beispiel des in Südtirol im
Gletschereis gefundenen Ötzi bildhaft vor Augen geführt.
Vor mehreren tausend Jahren war er offenbar ermordet worden,
wie Wissenschaftler bei der Obduktion der Mumie feststellten.
Aber Gauner ist eben nicht gleich Gauner.
Jeder hat mal klein angefangen und mancher tut sich halt noch
schwer in der Ausführung seiner Taten.
Zum Glück für die Polizei.

Jeder Einbrecher ist anders

Aachen – Auch Einbrecher sind vom Naturell her verschieden. Diese Erfahrung machte jetzt ein Wohnungsinhaber an der Lousbergstraße.

Er hatte am Morgen etwas länger geschlafen. Beharrliches Klingeln an seiner Wohnungstüre ignorierte er. Aufgeschreckt wurde er, als es klirrte. Noch völlig schlaftrunken schaute der Alleinlebende in seiner Wohnung nach, weil er dachte, irgendetwas sei zu Bruch gegangen.

Weit gefehlt. Vor ihm, mitten in der Küche, hinter einem zertrümmerten Fenster, stand ein Einbrecher. Der stand ebenso konsterniert dem 27-Jährigen gegenüber. Hatte auf sein Schellen doch niemand geöffnet.

Der Wohnungsinhaber hatte sich schnell gefasst und den Eindringling aufgefordert, stehen zu bleiben und zu warten, bis die Polizei kommt. Wohl kaum davon überzeugt, dass der ungebetene Gast diese Anweisung beachtet, alarmierte er die Polizei am Eulersweg. Die war auch schnell da und richtete sich, wie fast immer bei Einbrüchen, auf einen flüchtenden Täter ein. Weit gefehlt. Im Protokoll der Beamten steht: »Der Beschuldigte hat dann, ohne zu flüchten, auf das Eintreffen der Polizei gewartet. Er ließ sich widerstandslos festnehmen.«

Weil ein solches Verhalten ungewöhnlich ist und eventuell auf einen Rauschzustand oder Alkoholgenuss zurückzuführen sein könnte, schrieben die Ordnungshüter weiter: »Der Beschuldigte machte einen klaren und gefassten Eindruck. Er folgte dem Geschehen und beantwortete alle Fragen klar und deutlich.«

Dass der Einbrecher dennoch nicht »ganz ohne« ist, zeigt die Tatsache, dass in seiner Tasche Diebesgut wie Uhren und Schmuck gefunden wurde. Die Ermittler prüfen, ob der Gentleman-Einbrecher auch für weitere Brüche in Frage kommt, bei denen er nicht überrascht wurde.

Von nix kommt nix – oder: auch Einbrecher müssen trainieren

Aachen – Es gibt immer wieder Tage, an denen einiges schief läuft. Dann stellt man sich selbstkritisch die Frage: 1. Warum? 2. Warum trifft es mich wieder?

Genau das muss ein Einbrecher gedacht haben, der gestern in ein Appartement in der Kullenhofstraße einbrechen wollte.

Der körperlich tüchtige Mann hatte sich offenbar ein lohnendes Objekt ausgesucht und die Abwesenheit des Mieters ausbaldowert. Er kletterte auf einen Fenstersims und versuchte, das gekippte Fenster so weit zu öffnen, dass sein Körper in den Spalt passte. Das aber war genau der Punkt. Des Einbrechers Leib war im Spalt gefangen, kein Vor und kein Zurück. In dieser schier ausweglosen Situation wurde ein Fußgänger durch wehleidiges »Hilfe, es tut weh! Rufen Sie die Feuerwehr! Rufen Sie meine Mutter!« aufmerksam. Auf dessen misstrauischen Blick versuchte der Einbrecher zu verdeutlichen, er habe lediglich seinen Wohnungsschlüssel vergessen. Also hatte der Passant Erbarmen und benachrichtigte die Polizei. Die Nachricht aber, dass das Auge des Gesetzes nahe, machte bei dem Einbrecher unheimliche Kräfte frei. Mit einem gewaltigen Sprung befreite er sich aus der misslichen Lage, sprang vom Sims hinunter und flüchtete am verdutzten Passanten vorbei in die Freiheit.

Die eintreffenden Ordnungshüter suchten die Gegend noch vergeblich ab. Der Mann war weg. Lauftrainingseinheiten scheint der als jung beschriebene Mann erfolgreich absolviert zu haben; lediglich am Körperstyling müsste noch gefeilt werden …

Gesuchter Mann bat um Festnahme

Aachen – Ständig mit dem Gedanken zu leben, gleich kriegen sie dich, ist für viele, die von den Gesetzeshütern per Haftbefehl gesucht werden, eine schwere Last. Nicht für alle. Manche nehmen's locker, leben in den Tag hinein und verstecken sich nicht.

So auch ein 25-jähriger Mann, der in der Nacht mit seinem Fahrrad in der Innenstadt unterwegs war. Ein Lied pfeifend, sichtbar gut gelaunt auf seinem Drahtesel sitzend, radelte er an den uniformierten Ordnungshütern vorbei. Geradewegs über eine Ampel. Die, und das war sein Pech, deutlich Rotlicht zeigte.

Die Beamten stellten den jungen Mann zur Rede, stellten seine Personalien fest und bekamen die Auskunft: Der Radler wurde gesucht zur Verbüßung einer Reststrafe von acht Monaten. Dessen gute Stimmung endete abrupt. Die Beamten nahmen den Mann samt Rad mit.

Merke: Wer so aufzeigt, der muss auch damit rechnen, dass er drangenommen wird.

Nach Einbruch in Metallfirma gab es eine Festnahme

Alsdorf – Nach einem Einbruch in einen Metall verarbeitenden Betrieb in der Hahnengasse hat die Polizei recht schnell eine Tatverdächtige festnehmen können. Die Spur zu ihr war schnell aufgenommen.

In der Nacht von Dienstag auf Mittwoch waren Einbrecher in den Betrieb eingestiegen. Nachdem sie dort Werkzeuge und Metall mitgehen ließen, flüchteten sie.

Aus Gaunersicht – zum Vorteil für die ermittelnde Kriminalpolizei – schienen die Täter in ihrer Logistik nicht ausgereift zu sein. Den Spuren nach hatten sie wohl zunächst versucht, ein vergittertes Fenster zu knacken. Hierzu lösten sie etwas mühsam zwei Gitterstäbe um dann festzustellen, dass das Fenster viel zu schmal war, um hindurchzuklettern. Folglich zertrümmerten sie das daneben liegende Fenster und stiegen so ein. In der Werkstatt ließen sie dann das Diebesgut mitgehen. Dazu noch einen Schlüssel von einem Firmenwagen.

Offenbar fehlte es dann hier an der nötigen Absprache: Während ein Täter oder die Täterin den Autoschlüssel hatte, versuchte der Mittäter den Wagen gewaltsam zu knacken. Das klappte wohl nicht. Also brachen die Einbrecher ihr Vorhaben ab und suchten das Weite.

In einem nahe gelegenen Feld entledigten sich die Gauner dann der Sachen, die sie nicht brauchen konnten oder die ihnen wenig wertvoll erschienen. Darunter allerdings auch eine Jacke. Die fanden die Polizisten dann. In der Jacke Notizen, Quittungen und persönliche Gegenstände, die in Richtung einer bestens polizeibekannten Frau deuteten.

Die 33-jährige Frau aus Hoengen nahmen die Ordnungshüter dann auch am Donnerstag fest. Ihre Mittäter sind noch nicht bekannt. Die Ermittlungen laufen noch.

Autoknacker schliefen im LKW ein - der Merlot war's!

Aachen – Zwei Autoknacker sind nach »getaner Arbeit« am Tatort, sprich Lkw, eingeschlafen. Die Polizei konnte die müden Ganoven problemlos festnehmen. Es handelt sich um 27 und 30 Jahre alte Männer aus Litauen, die sich ohne festen Wohnsitz hier aufhalten.

Die Geschichte um die Festnahme ist schon was außergewöhnlich.

Donnerstagmorgen, Elsassstraße, kurz nach 7 Uhr. Der Fahrer eines Möbeltransporters wollte seinen Lkw startklar machen. Als er die Fahrertüre öffnete, entdeckte er auf dem Fahrersitz einen schnarchenden Mann. Direkt daneben auf dem Beifahrersitz offensichtlich ein Gesinnungsgenosse – ebenfalls im geräuschbetonten Tiefschlaf. Um Fassung ringend schrie der Lkw-Fahrer die Männer an, die daraufhin erwachten und »ruhig und wenig überrascht aus dem Lkw ausstiegen«, so das Polizeiprotokoll. Ein Kollege des Lkw-Fahrers hatte unterdessen die Polizei alarmiert. Die war auch schnell da, nahm die zwei Männer in ihre Obhut und stellte naturgemäß viele Fragen. Die Männer gaben aber nur stereotyp an, sie hätten einen Schlafplatz gesucht. Etwas Verbotenes hätten sie nicht gemacht. Dagegen sprachen allerdings eine aufgebrochene Lkw-Tür, mehrere aufgefundene Navigationsgeräte, Kabel ohne Ende, ein Notfallhammer, ein Rohrschneider und eine Plastiktüte mit Äpfeln, Bananen und daneben eine leere Flasche Rotwein, ein Merlot.

Das wäre alles nicht von ihnen, sagten sie aus. Und noch während sie ihre Unschuld recht virtuos, gelenkig und gestenreich beteuerten, kam ein Anwohner zu den Beamten und teilte mit, dass man ihm das Auto aufgebrochen habe. Gestohlen hätten die Autoknacker Sachen, die er gestern am Abend noch schnell eingekauft hatte. Äpfel, Bananen und eine Flasche Merlot.

Das war's dann mit der Unschuld.

Moral aus Tätersicht: Eine andere Lebensmittel- und Spirituosenfolge im Verzehr wäre wahrscheinlich erfolgreicher gewesen. Erst die Bananen, dann die Äpfel und dann der Merlot ... Uns soll's recht sein ...

Mal ein Autoknacker mit Contenance

Aachen – Die Aachener Polizei muss sich bei der Aufklärung eines Auto-aufbruchs bei einem aufmerksamen Anwohner bedanken.

Er hatte die Polizei alarmiert, als er am helllichten Tag einen Mann dabei beobachtete, wie der sich auf der Jülicher Straße an einem geparkten Auto zu schaffen machte.

Aber auch das Verhalten des Autoknackers verdient den verhaltenen Respekt der Ordnungshüter. Denn gleich als der Mann sich vom Anwohner entdeckt fühlte, bändigte er seine kriminelle Energie und ergab sich.

Als der Anwohner den Einbrecher auch noch ansprach, stieg dieser höflich aus dem Auto aus und beantwortete die Frage, was er dort in dem Auto mache mit den Worten: »Ich bin gerade dabei, das Autoradio zu stehlen. Und ich möchte nicht, dass Sie die Polizei rufen. Hier haben Sie das Radio!« Sagte es und blieb beim Zeugen stehen. Der ließ sich allerdings auf nichts ein und benachrichtigte die Polizei. Selbst bis zu deren Eintreffen bewahrte der 40-jährige Autoknacker Contenance und machte keinerlei Fluchtversuche. Schließlich ließ er sich von den Ordnungshütern festnehmen.

Solch ein Täterverhalten vermissen die Ermittler und Strafverfolger allzu oft …

Kapitel 10: Bürokratie und kleine Rechtskunde

Polizistinnen und Polizisten müssen sich regelmäßig fortbilden.
Immer auf dem neuesten Gesetzesstand sein;
Verwaltungsvorschriften kennen oder zumindest wissen,
wo man was nachlesen kann.
Überhaupt sollten sie hier sattelfest sein.
Schließlich entscheiden sie innerhalb weniger Minuten aufgrund
eines Sachverhaltes über Freiheit oder Zelle.
Schuld oder Nichtschuld. Wohnungsverweisung, Platzverweis
oder was es sonst noch an beschränkenden Maßnahmen gibt.
Dieses Kapitel ist den Besonderheiten
und Blüten der Beamtensprache gewidmet.

Kurveneigenschaften klar geregelt

Kreis Aachen – Die Rübenernte ist in vollem Gange. Die Polizei hat in Presseberichten auf die Gefahren durch die voll beladenen, langsam fahrenden Transporter und die zum Teil verschmutzten, schmierigen Fahrbahnen hingewiesen.

Ungeachtet dessen sind der Polizei Aachen keine Unfälle mit sogenannten Rübenerntemaschinen bekannt. Gott sei Dank.

Das kommt aber nicht von ungefähr: Der Gesetzgeber hat die spezielle Ausstattung der Maschinen ja auch in der Straßenverkehrszulassungsordnung auf den Punkt beschrieben. So zum Beispiel im Paragrafen 32d, der ausschließlich die »Kurveneigenschaften« regelt.

Da heißt es: »Kraftfahrzeuge und Fahrzeugkombinationen müssen so gebaut und eingerichtet sein, dass die bei einer Kreisfahrt von 360 Grad überstrichene Ringfläche mit einem äußeren Radius von 12,50 m keine größere Breite als 7,20 m hat.

Beim Einfahren aus der tangierenden Geraden in den Kreis darf kein Teil des Kraftfahrzeugs oder der Fahrzeugkombination diese Gerade um mehr als 0,8 m nach außen überschreiten.

Abweichend davon dürfen selbstfahrende Mähdrescher beim Einfahren aus der tangierenden Geraden in den Kreis diese Gerade um bis zu 1,60 m nach außen überschreiten.«

Also liebe Verkehrsteilnehmer. Nehmen Sie Rücksicht und wundern Sie sich nicht, wenn Sie einen mit einem Zollstock bewaffneten Landwirt in einem Kreisverkehr sehen.

Er setzt zu Ihrer Sicherheit gerade den klar verständlichen Gesetzestext um.

Klare polizeiliche Verfügungen von a) bis e)

Aachen – Fast täglich flattern Gesetze, Erlasse, Verfügungen auf des Beamten Tisch.

Dessen Pflicht ist es, sich stets zu informieren und auf dem neuesten Stand zu sein. Nicht immer leicht, wie folgende, kürzlich eingegangene Verfügung zeigt. In der es gleich zu Beginn heißt:

»Die Bezüge zu a), b) und c) liegen vor.
Die Bezüge zu d) und e) werden mit der Bitte um Kenntnisnahme und Auswertung zur Information, weiteren Veranlassung sowie zur Vervollständigung der Aktenlage übersandt.
Aufgrund der Aufhebung der Bezugsverfügung zu b) wird hiermit auch die Bezugsverfügung zu c) aufgehoben.«

Und dennoch ist der kritische Beamte dem Verfasser der Verfügung dankbar. Dass er bei der Vielzahl der Bezüge nicht sämtliche Buchstaben des Alphabetes benutzt hat …

Ruhegehaltsfähige Dienstzeit

Aachen – In der Dienststelle im Aachener Polizeipräsidium ließ man im Kollegenkreis das Jahr Revue passieren. Ereignisreich war es. Viele Erfahrungen hat man gemacht, jeglicher Art.

Fest steht, dass es Einschnitte geben wird. Sparen ist angesagt. Zwangsläufig die Frage, was bleibt stehen am Ende der Dienstzeit, im Pensionsalter?

Klarheit brachte da der Paragraph 14 des Beamtenversorgungsgesetzes »Höhe des Ruhegehalts«.

In klarer Beamtensprache steht da: »Das Ruhegehalt beträgt für jedes Jahr ruhegehaltsfähiger Dienstzeit 1,79375 vom Hundert der ruhegehaltsfähigen Dienstbezüge, insgesamt jedoch höchstens 71,75 vom Hundert. Der Ruhegehaltssatz ist auf zwei Dezimalstellen auszurechnen.

Dabei ist die zweite Dezimalstelle um eins zu erhöhen, wenn in der dritten Stelle eine der Ziffern fünf bis neun verbleiben würde. Zur Ermittlung der gesamten ruhegehaltsfähigen Dienstjahre sind etwa anfallende Tage unter Benutzung des Nenners dreihundertfünfundsechzig umzurechnen; die Sätze 2 und 3 gelten entsprechend.«

Alles klar? Der Ausblick in die Zukunft endete jäh.
Warum? Siehe oben.

Die Pressestelle und die Rechtschreibreform

Aachen – Da jetzt Klarheit herrscht, entfällt jetzt beim Verfassen von Pressemeldungen das lästige Blättern im Duden. Und das Einschalten der Rechtschreibprüfung. Wichtigste Erkenntnis für uns: Vielfach sind laut dem »Rat für deutsche Rechtschreibung« nun mehrere Schreibvarianten richtig.

Wir freuen uns spitzbübisch über die nun vielfältigen Kann-Regelungen bei Kommas. So, »… zwischen Hauptsätzen, die mit und/oder verbunden sind, ist das Komma freigestellt.« Oder: »Infinitiv- und Partizipgruppen können zur Verdeutlichung der Satzgliederung durch ein Komma abgetrennt bzw. zwischen Kommas eingeschlossen werden.«

In Anlehnung an die neuen Regelungen bitten wir die Medienvertreter, sich der für ihre Zwecke geeigneten Schreibvariante zu bedienen. Auf Kommas werden wir weitgehend verzichten und locker durchschreiben.

In diesem Sinne …

Die Polizei und ihr Aküfi (Abkürzungsfimmel)

Aachen – Im Polizeialltag und sicherlich bei vielen anderen Institutionen sind Abkürzungen an der Tagesordnung. Behörden sind bekannt für ihren Abkürzungsfimmel, kurz Aküfi. Etwa 200 sind geläufig und fast arbeitstäglich in Gebrauch. Richtige Stilblüten finden sich zum Beispiel auf internen und hochoffiziellen Papieren: so

AAK	Atem- und Alkoholkonzentration
e.B.	erbitte Bedenkzeit
CFMS	Computerunterstütztes Funkmeldesystem
DGL	Dienstgruppenleiter
HuTruFu	Hundertschaftstruppführer
MOZ	Meldeort und Zeit
RTK 4	Rund-Ton-Kombination auf Streifenwagen (Blaulicht und Martinshorn)
ZuFü	Zugführer

Nun ist der Aküfi um eine Variante reicher. Ab sofort gibt es Napoleon. Nicht verwandt und nicht verschwägert mit dem Kaiser und Feldherrn. Napoleon ist neuerdings die polizeiinterne Abkürzung für »Nachbereitung polizeilicher Einsätze online«.

Kapitel 11:
Ausreden

Es ist stets ein schmaler Grat:
Handelt es sich, wenn man als Polizist einen bei irgendeiner
Untat erwischt, um eine Ausrede, um eine Schutzbehauptung
oder ist es wahr, was man da zu hören bekommt.
»Herr Wachtmeister, ich hab' doch nur …«
ist einer der am häufigsten gehörten Ansätze,
um irgendeine Begründung zu liefern, warum man(n) oder Frau
das gerade gemacht oder falsch gemacht hat …

Beine strampelten im Altkleidercontainer

Aachen – Ein eher ungewöhnliches Bild bot sich heute Morgen auf dem Weg zum Kindergarten einer Mutter mit ihren Kindern auf der Beverstraße.

Man kann viel erzählen und schreiben, aber der Notruf der besorgten Frau bei der Polizei gibt es am besten wieder:

Frau: »Hier aus dem Kleidercontainer ragen zwei Füße!«

Polizei: »Wo ist das«?

Frau: »Beverstraße, am Bahnhof ... die Füße bewegen sich!«

Polizei: »Wir kommen!«

Die Ordnungshüter standen in der Nähe und waren schnell da. Schnell strampelten auch die Beine, die aus dem Container herausragten und signalisierten, dass reges Leben im halb verschwundenen, offensichtlich männlichen Körper herrschte.

Erste Versuche, per festem Klopfen am Container die Aufmerksamkeit des Mannes zu erlangen, schlugen fehl. Offensichtlich hatte sich der Betroffene beim Hineinklettern in den Container und beim Berechnen der Schwerkraft verschätzt. Jedenfalls war ersichtlich, dass ein eigenständiges Vor oder Zurück ausweglos erschien. Folglich packten die Beamten herzhaft zu und zogen den Mann mit einem gehörigen Kraftaufwand aus dem Container.

Bei freier Sicht auf die obere Hälfte des Mannes, erkannten sie in ihm einen alten Bekannten. Einen mehrfach vorbestraften Dieb. Wie manches Mal zuvor, hatte er schon Sachen aus dem Kleidercontainer um die Ecke gestellt, um sie später zu verkaufen.

Nicht weniger interessant als der gesamte Vorfall war die Aussage des 22-jährigen Mannes: »Ich hab' Sachen in den Container geworfen. Dabei ist mein Portemonnaie da hineingefallen. Das suche ich jetzt. Um besser dran zu kommen, habe ich die Sachen nach draußen geworfen. Jetzt kam ich nur selber nicht mehr raus.«

Der 22-Jährige bekam den hoheitlichen Auftrag, die Sachen wieder in den Container zu werfen und drum herum aufzuräumen. Das machte er auch.

Sein Portemonnaie fand der Mann wenig später übrigens auch … allerdings nicht im Container … wer hätte es gedacht …

Wie die Mutter ihren Kindern den Vorfall erklärte, ist nicht überliefert.

Ausrede der Woche

Aachen – Ausrede einer 45-jährigen Autofahrerin, als sie von der Polizei mit dem Handy telefonierend bei einer Kontrolle erwischt worden war:

»Ich habe nur ganz kurz telefoniert, um jemandem zu sagen, dass ich nicht telefonieren darf.«

Ohne Worte.

Rollerfahrer fuhr bei Rot – Bremsen ist zu teuer

Aachen – Original-Ausrede eines Rollerfahrers, der bei Rot über die Kreuzung fuhr und erwischt wurde: »Ich habe extra nicht gebremst! Wisst ihr eigentlich, wie teuer die Bremsen für diese Roller sind, hee?«

Antwort: »Nee!«

Zu schnell gefahren – Man(n) hatte es eilig

Aachen – Um Karneval herum gibt es ja immer Alkoholkontrollen der Polizei. Ist ja bekannt:
»Ich war nur kurz feiern!« – »Wir haben nur schnell ein Schlückchen im Büro getrunken!« – »Sind doch nur die paar Meter ...!« – »Habe ich noch nie gemacht, das müssen Sie mir glauben Herr Wachtmeister!« So etwas müssen sich Polizisten bei Kontrollen oftmals anhören.

Gestern war es anders. Da hat die Polizei bei diesen Kontrollen keinen betrunken hinter dem Steuer erwischt. Schön. Dafür waren aber einige zu schnell in die Kontrollstelle gefahren. Die Beamten hatten nämlich gestern zwei Fliegen mit einer Klappe schlagen wollen. Alkoholkontrollen kombiniert mit Geschwindigkeitskontrollen.

Mit Laser bewaffnet standen die Beamten auf der Trierer Straße. Dabei erwischten sie zwei belgische Autofahrer mit 110 km/h und 84 km/h. Erlaubt sind dort 50 km/h. Und noch einen Motorradfahrer aus Aachen mit 81 km/h. Warum zu schnell? Sie hatten es eilig.

Insgesamt machten die Polizisten dort 12 Knöllchen und vier Ordnungswidrigkeitenanzeigen. Die Kontrollen werden über die Tage fortgeführt.

Zu guter Letzt

Und dann noch eine Pressemeldung, die eigentlich lediglich als ein Hinweis für Journalisten gedacht war. Ein Laubbläser oder -sauger, egal wie man die nervigste und unnötigste Erfindung des Menschen nennt, machte auf einem Sportgelände vor dem Aachener Polizeipräsidium in der Soers einen solchen Krach, dass man in den Büros sein eigenes Wort nicht mehr verstand.

Diese nachfolgende Meldung hatte unmittelbar nach ihrer Veröffentlichung einen bislang nicht für möglich gehaltenen Verbreitungsgrad. Neben dem Spiegel, Focus, der Süddeutschen Zeitung, der ARD, 1Live, WDR 2, Radio Südtirol, ORF 1 ... bis hin nach Australien. Alle wollten sie ein Interview zum leidigen Thema. Um alle anfragenden Medienleute zu befriedigen und die Interviews zu geben, mussten sogar Überstunden gemacht werden. Die Welt dreht sich halt sehr schnell im Moment.

Die Pressemeldung im Wortlaut:

Eine Bitte an die Journalisten: Bitte lauter sprechen wegen des Laubbläsers - Sehr geehrte Journalisten, bei Anrufen in unserer Pressestelle bitte ich Sie, etwas lauter zu sprechen. Aufgrund der willkommenen Witterung sind die Bürofenster geöffnet. Das Geräusch eines benachbarten Laubsaugers im Hintergrund lässt eine geregelte Kommunikation mit Gesprächspartnern derzeit nicht zu. Ein eventuell erhöhter Stimmpegel sollte keinen Schluss auf unsere Stimmungslage zulassen; sie ist rein hörtechnisch bedingt. Ehrlich.

In heiterer Gelassenheit – Paul Kemen –

Manfred Lang

MANNI KALLT PLATT

Hardcover, 160 Seiten
mit Audio-CD
ISBN 978-3-95441-450-5
18,00 EURO

Zum Lesen und zum Hören:
»Manni kallt Platt« für alle Sinne!

Mundart-Erklärer Manfred Lang öffnet mit diesem Buch ein Schatzkästchen voller Sprachwitz und Anekdoten. In 121 launigen Kolumnen führt er in die spannende Welt des »Eefeler Platts« ein. »Manni kallt« in ripuarischer Zunge, augenzwinkernd und mit »nickelijem« Humor. Erinnerungen an seine eigene Kindheit auf dem Dorf hat er ebenso verarbeitet, wie die kollektive Erinnerung eines ganzen Landstrichs. Nachher weiß man nicht nur, was ein »Lutschuhr« oder »Seckohmesse« sind, sondern auch, dass man aus einem Dreiborner zwei Gemünder machen kann und dabei noch ein Schleidener als Rest übrigbleibt …

Bei Manni Lang erfährt man, dass es auch in modernen Zeiten »huh-nüedisch« wäre, »wedde Platt ze kalle«. Das spart Lebenszeit, hat eine viel schönere Sprachmelodie, verfügt über mehr und feinere Nuancen, transportiert mehr Hintersinn und bringt die Dinge ohne Geschwafel mit einer Präzision auf den Punkt, die Hochdeutsch alt aussehen lässt.

Auf der beigefügten Audio-CD gibt der Autor wunderbare Kostprobe seiner hundertfach erprobten Vortragskunst, sodass man sich zu seinem großen Vergnügen ein paar Highlights dieser Textsammlung nun auch akustisch zu Gemüte führen kann.

EDITION EYFALIA

EDITION EYFALIA

KBV